Paul Farmer

폴 파머
세상을 고치는
의사가 되어 줘

내가 **꿈꾸는 사람** _ 의사
Paul Farmer

폴 파머,
세상을 고치는
의사가 되어 줘

초판 1쇄 2016년 8월 16일
초판 4쇄 2022년 5월 2일

지은이 김관욱

책임 편집 신정선
마케팅 강백산, 강지연
표지디자인 권석연
본문디자인 이미연
사진제공 연합포토, 위키피디아

펴낸이 이재일
펴낸곳 토토북
주소 04034 서울시 마포구 양화로11길 18 3층 (서교동, 원오빌딩)
전화 02-332-6255
팩스 02-332-6286
홈페이지 www.totobook.com
전자우편 totobooks@hanmail.net
출판등록 2002년 5월 30일 제10-2394호
ISBN 978-89-6496-310-4 44990
ⓒ 김관욱 2016

내가 **꿈꾸는 사람** _ 의사

Paul Farmer

폴 파머,
세상을 고치는
의사가 되어 줘

김관욱 지음

팀

의사를 꿈꾼다는 것

이 책을 읽고 있는 네 꿈은 무엇이니? 의사가 되고 싶다고? 아마도 주변에 네 꿈이 의사라고 말한다면 다음과 같은 질문을 받을 거야. "왜 의사가 되려고 하니?" 나 역시 의과대학에 입학하기 전부터, 그리고 의사로서 10년 넘게 진료를 하면서 가장 많이 받은 질문 중 하나가 바로 '의사가 되기로 한 이유'였거든. 너희는 어떠한 답을 준비하고 있니? 수많은 직업 중 의사에 매력을 느낀 이유는 무엇이니? 이 책은 바로 그 질문에 참고가 될 수 있는 한 의사에 대한 이야기야.

폴 파머, 이 이름을 처음 들어 본 친구도 많을 거야. 그는 21세기 슈바이처라고 불리며 차기 노벨평화상 후보로 가장 많이 언급되는 의사 중 하나란다. 세계적으로 잘 알려진 하버드대학병원의 감염내과 의사, 이 타이틀도 그를 유명 인사로 만들었지. 하지만 그가 높게 평가받는 이유는 따로 있어. 그는 안락한 병원 진료실에 앉아 환자를 기다리지 않아. 직접 환자가 있는 곳을 찾아다니지. 폴 파머의 환자는 국경과 인종을 뛰어넘어 아이티, 쿠바, 페루, 러시아, 르완다 등 전 세계에 걸쳐 있어. 상식을 초월한 헌신과 열정으로 치료가 불가능하다고 믿었던 에이즈, 결핵 환자를 살려냈지.

내가 처음 폴 파머를 알게 된 건 10년 전 봄이었어. 병원에서 전공의 수련을 하던 시절이었지. 의과대학에 입학한 지 9년이 지난 시점이었지만 어떤 의사가 되어야 할지 여전히 고민하던 때였어. 그러던 중 폴 파머의 일대기를 다룬 《작은 변화를 위한 아름다운 선택》을 읽게 되었지. 모든 문장에 빼곡하게 밑줄을 그을 정도로 그의 삶은 나에게 많은 영감을 주었어. 특히 그가 의학 이외에 공부한 의료인류학이라는 학문은 너무나도 매력적으로 다가왔어. 그렇게 폴 파머를 만나게 된 것이 지금 영국에서 의료인류학 박사 과정을 밟게 된 출발점이었단다. 이제 그에게서 얻은 삶의 지혜와 영감을 이렇게 너희에게 전하는 영광스런 기회도 얻게 되었어.

의사란 직업은 참 매력적이야. 그 매력이 너무나 다양해서 사람마다 천차만별의 이유로 의사라는 직업을 선택하지. 그러니까 이 책에서 소개하는 폴 파머의 삶이 의사가 되기를 희망하는 사람들에게 단 하나의 모범 답안일 수는 없단다. 이것은 폴 파머 역시 강조하는 바이기도 해. 그는 모든 의사가 자신과 같은 삶을 살라고 강요하지 않아. 그저 자신을 필요로 하는 곳에 일말의 망설임 없이 뛰어드는 용기를 보여 주고, 환자의 고통을 해결하려고 자신의 능력을 총동원해서 세계에 호소할 뿐이지.

나는 이 책을 통해 그의 삶을 들여다봄으로써 너희가 의사를 꿈꾸는 일이 얼마나 설레고 또 가치 있는 일인지를 보여 주고 싶단다. 그리고 폴 파머가 강조한 의사로서의 '동반자 정신'을 느낄 수 있기를 진심으로 바랄게.

김관욱

작가의 말
의사를 꿈꾼다는 것 004

프롤로그
폴 파머를 알고 있니? 010

1
Paul Farmer

모험의 연속이던
어린 시절

타인의 생각을 공유할 수 있는 감수성을 얻다 018

방황과 혹독한 시간을 지나 024

의료인류학에 눈을 뜨다 030

함께 알아볼까요?
인류학과 의료인류학 038

2
Paul Farmer

아이티에서 의사로서의
삶을 찾다

우린 모두 인간이에요 042

행동파 의사로 마음을 굳히다 054

폴 인생 최고의 걸작, 장미 라장테 060

함께 알아볼까요?
건강의 동반자 파트너스 인 헬스 072

3
Paul Farmer

청진기와 펜으로 구조적 폭력에 맞서다

아이티에서 폴의 시련   076

페루의 빈민촌으로 뛰어들다   091

세계보건기구의 결핵 치료를 바꾸다   103

함께 알아볼까요?
아이티, 그 슬픈 역사   116

4
Paul Farmer

폴 파머, 세계를 치료하다

러시아에서 긴 싸움을 시작하다   122

폴의 부끄러움, 분노, 그리고 절규   136

에이즈 무상 치료에 도전하다   153

아이티의 대지진에 맞서다   165

5
Paul Farmer

폴 파머와 같은 의사를 꿈꾼다면

의사가 되려면 어떻게 해야 하나요?   188

전공 분야와 진로가 궁금해요   192

국제보건 활동을 하고 싶어요   198

우리나라의 대표적인 의사는 누구인가요?   201

의사를 꿈꾸는 청소년에게 추천하는 책과 영화   207

폴 파머를 알고 있니?

난 전혀 엄숙한 사람이 아니에요

어떻게 폴 파머 이야기를 시작해야 할지 고민이 참 많았단다. 새로운 사람을 만나면 그 사람 성격이 어떤지 궁금해지지? 그래, 평소 폴의 성격부터 이야기하면 너희도 그에게 쉽게 다가갈 수 있을 거야. 음, 폴은 자신이 전혀 엄숙한 사람이 아니라고 말해. 우리말로 속칭 꼰대가 아니라고 강조한 거지. 차기 노벨평화상 후보에 세계 최고 하버드대학병원의 의사라고 하면 왠지 권위적이고 진지할 거 같잖아. 그는 왜 자신을 그렇게 얘기했을까?

우선 그 이유부터 말해 줄게. 난 뭐니 뭐니 해도 폴의 이런 점이 참 멋지고 존경스럽기까지 하거든. 그는 어렵고 힘든 일을 하는데도 굉장히 유머러스해. 이런 위치에 있는 사람이 이렇게 괴짜같이 굴어도 되나 싶을 정도로 말이야. 사진으로 만나는 폴은 정말 장

난기 가득하고 유쾌한 동네 아저씨처럼 보일 때가 많아. 여러 강연 모습에서도 우와! 정말 친근감 있게 말을 잘하더라. 그리고 중간중간 실없는 이야기를 혼잣말처럼 중얼거릴 때도 있어.

"여러분은 모두 어렸을 적에 학교에서 예방 접종을 맞아야 했죠. 캘리포니아에서는 특히 그렇죠. 음……, 캘리포니아에서 연설할 때도 내가 이 말을 했었죠. 하하하. 어쨌든 어? 했었나? 아니다, 아니야. 안 했어요. 하하하."

굉장히 허술하고 실없는 사람처럼 보이지? 그런데 나는 오히려 이런 그의 모습에서 대단함을 느끼곤 해. 이렇게 쾌활한 성격 덕분에 30년 넘게 의료 사각지대에 있는 빈민을 돌보고, 무수한 질병의 고통과 싸워 오지 않았을까. 어때? 그가 조금은 친근하게 다가오는 것 같니? 너희가 동네에서 자주 마주하는 의사처럼 폴의 이야기를 편안하게 들어 주길 바라. 그래야 폴이 어떤 사람인지 좀 더 자연스럽게 이야기할 수 있지 않을까 싶어. 그럼 폴이 또 어떤 면을 가졌는지 하버드대학병원의 동료 의사 폴 에드워드의 말을 들어 볼까.

"모두가 폴을 사랑해요. 그래서 잠시라도 그와 이야기하기를 원해요. 폴이 아이티에서 하버드대학병원에 올 때면, 마치 타이거 우즈가 시골의 작은 골프 클럽에 가서 짧은 레슨을 하는 것처럼 여겨져요. 그가 병원 복도를 걷고 있으면 그를 사랑해 마지않는 이들로 꽁꽁 둘러싸여서 한 발짝도 움직이기 어려워요. 만일 누가 폴에게 인사라도 했다 치면, 폴은 그 사람을 정확히 기억해 내요. 그 사람이 무엇을 하고, 누구와 친하고, 가족에게 무슨 일이 있는지를 전부 다 기억하고 있죠."

이게 일상에서 만나는 폴의 모습이야. 그런데 폴이 이렇게 웃고 떠들기만 하는 의사냐고? 절대 아니지. 그의 진면목은 환자 앞에 의사로 섰을 때야. 환자 앞에서는 세상 어떤 사람보다 진지하거든.

난 행동파예요

폴은 스스로를 행동파라고 표현해. 엄숙하지 않다는 말과 좀 어긋나는 듯하지만, 실제 폴은 굉장한 행동파지. 일례로 그는 평소 잠자는 시간이 매우 적어. 보통 네 시간 정도 잔다고 이야기하지만 그것조차 거짓말이야.

"난 도무지 잠을 잘 수가 없어요. 언제 어디에나 치료받지 못하는 환자들이 있거든요. 난 그걸 도저히 참을 수가 없어요."*

폴이 어떤 의미에서 행동파인지 알겠니? 그는 침대가 부족한 병원에 환자가 실려 오면 바닥에서 진료를 보기도 마다하지 않지. 환자 옆에 쪼그리고 앉아 환자의 말에 성심껏 귀를 기울여. 이처럼 폴은 철저히 행동으로 자신의 생각과 양심을 보여 준단다. 그리고 폴은 정말 단호한 성격을 지녔어. 특히 환자에 관해서는 도덕적인 기준이 너무나도 엄격하지.

"만일 당신 앞에 고통 받는 사람이 있고, 당신이 그 고통을 약화시키거나 완전히 제거할 수 있는 도구를 가지고 있다면, 그때는 당신이 행동해야만 한다는 거죠."*

너무나 당연한 일 아니냐고? 절대 그렇지 않아. 좋은 환경, 좋은 시설, 훌륭한 동료가 곁에 있다면, 눈앞에 신음하는 환자를 양심에 따라 진료하는 게 어렵지 않을지도 모르지. 물론 이것도 쉬운 일은 아니지만.

폴이 주로 일하는 곳은 아이티, 페루, 르완다 등 어디에 있는지조차 감이 안 오는 나라의 시골 빈민촌이야. 결핵, 에이즈, 에볼라 바이러스 같은 전염병을 치료하는 감염내과 의사인 폴은 항상 감염 위험에 노출되어 있어. 우주복처럼 생긴 방어복을 입고도 불안한 게 전염병 환자를 보는 의사들의 당연한 심리일 텐데, 폴은 한치의 망설임도 없이 환자에게 다가가지.

아이티 캉주 Haiti Cange,
여기야말로 바로 내 고향이다

폴은 미국에서 태어났고 플로리다 주에서 어린 시절을 보냈어.

장미 라장떼는 아이티에서 가장 큰 비정부 의료공급자란다.

그런데 그는 자신의 고향을 '아이티 캉주'라고 말하곤 해. 아이티 캉주? 너희에게도 낯선 곳이지? 캉주는 미국 남부 끝에서 그리 멀지 않은 중앙아메리카의 섬나라 아이티의 한 시골 마을이란다. 여기에는 폴이 자신의 인생 최고의 역작이라고 말하는 장미 라장떼 Zanmi Lasante가 있어. 장미 라장떼는 그가 미국에 세운 비영리 단체인 파트너스 인 헬스Partners in Health의 아이티 크레올 어야. 우리말로 하면 '건강의 동반자'라는 뜻이지.

아이티 캉주에 만든 이 비영리 단체를 통해 그는 시골 오지에 멋진 진료소를 운영하고 있지. 그곳이 폴의 일터이자 집이기도 해. 벌써부터 열악하고 힘든 일상이 예상되지 않니? 그렇지만 폴은 고향과 같은 마을에서 행복한 인생을 살고 있단다. 진료소 벽에 새겨진 '가장 행복한 사람은 타인의 행복을 위해서 일하는 사람(The happiest man is he who works for the happiness of others)'이란 문구처럼 말이야.

그가 어떤 사람인지 점점 더 궁금해진다고? 무엇이 그를 행동파로, 그리고 의사를 꿈꾸게 만들었는지 지금부터 그 이유를 함께 찾아가 보자.

1 Paul Farmer

보험의 •연속•이던

어린 시절

타인의 생각을
공유할 수 있는 감수성을 얻다

"가난한 사람들에게 수준 높은 의료 혜택을 제공하기만 해도

혁신가나 모험가로 인정받는 시대에 살고 있다는 생각에

한편으론 기분이 착잡했습니다."

2008년 옥스퍼드대학교 스콜세계포럼

현재 너무 많은 직함을 갖고 있어 일일이 열거하기도 어려운 폴 파머의 어린 시절이 궁금하다고? 그는 부유한 집안에서 모범생으로 자랐을 것 같지만, 허름한 버스와 보트를 옮겨 다니며 자랐어. 이러한 환경은 호기심 강한 폴에게 모험심을 길러 주기에 충분했지. 또 자연을 사랑하고 모험을 즐기는 아버지의 영향을 많이 받았어. 미래 행동파가 되기 위한 자양분을 얻었던 폴의 어린 시절로 여행을 떠나 볼까.

대가족과 함께한 자연 생활에서 얻은 재산

세계적으로 존경받는 의사의 어린 시절은 어땠을까? 아마도 공부만 하는 전형적인 모범생으로 생각하기 쉬울 거야. 만일 폴이 그런 아이였다면 너희가 손에서 이 책을 놓을 걸? 나 역시 폴이 그저 그런 공부벌레였다면, 그다지 존경의 대상으로 삼지 않았을 거야. 전혀 매력적이지도 않고, 나와는 관련 없는 인물이라고 판단했겠지. 그런데 그의 삶은 전혀 그렇지 않았어. 그는 온갖 모험의 연속이던 어린 시절을 보냈거든. 폴은 자신의 어린 시절을 이렇게 짧고 명확하게 이야기한단다.

"난 어려서 결핵 검사용 버스에서 자랐는데, 커서 결핵 전문 의사가 됐어요."

재밌는 얘기지? 마치 국회도서관에서 공부하면 국회의원이 된다는 것과 똑같이 들리잖아. 그런데 여기서 중요한 건 결핵 검사용 버스가 어디에 있었고, 또 누구랑 왜 그렇게 살았는지가 아닐까. 폴은 아버지 폴 시니어와 어머니 지니 사이에서 1959년 10월 26일에 미국 매사추세츠 주의 노스애덤스라는 곳에서 태어났어. 어려서는 폴 주니어를 줄여서 P.J. 혹은 펠이라고 불렸다고 해.

폴의 형제는 첫째 누나 케이티, 둘째가 폴, 남동생 짐과 제프, 여동생 제니퍼와 페기, 이렇게 6명. 아버지와 어머니를 합쳐서 총 8

명이 함께 사는 대가족이었지. 가족이 많고 유명한 의사가 되었으니 폴이 매우 큰 집에서 편안하게 자랐을 거라고 생각하니? 전혀 그렇지 않단다. 폴은 허름한 버스에서, 또는 보트를 집으로 삼아 산과 강 옆에서 자랐어. 심지어 화장실도, 수도도 없어서 공중화장실을 이용해야 했지. 집중해서 공부할 책상은 당연히 없었어. 자라온 환경만 본다면 매우 열악하기 짝이 없지. 그런데 폴은 최근 한 언론사와의 인터뷰에서 그 시절에 대해 이렇게 이야기했단다.

"저는 육남매인데 그중 하나는 레슬링 선수로 10년간 활동을 했습니다. 형제가 똑같지 않고 모두 달랐죠. 우리 형제가 부모님에게 공통으로 받은 것은 타인의 생각을 공유할 수 있는 감수성입니다."

그 시간이 인생에서 얼마나 중요한 밑거름이 되었는지 폴은 항상 강조해. 자, 그럼 본격적으로 호기심 강한 폴의 어릴 시절로 들어가 보자.

호기심 많은 폴,
그리고 모험심 강한 아버지 폴 시니어

폴은 어머니를 닮아서 코가 오뚝하고 양 볼이 항상 빨갛게 달아올라 있었어. 호기심 많은 개구쟁이처럼 보였지. 그런 한편, 폴은 머리가 비상해서 초등학교 때부터 특수 영재 교육반에 뽑힐 정도였대. 초등학교 4학년 때는 파충류 연구 클럽을 만들어 파충류의 라틴어 이름은 물론 구체적 특징까지 자세히 암기하며 놀았다고 하는구나. 그리고 톨스토이의 장편 소설 《전쟁과 평화》를 흥미롭게 읽었다고도 해. 이렇게 폴의 끝없는 호기심을 충족시켜 줄 환경을 만들어 준 건 아버지 폴 시니어일 거야. 폴의 아버지는 키가 190센티미터가 넘을 정도로 거구였대. 큰 몸짓만큼이나 성격도 쾌활하고 여행과 모험을 매우 좋아했다는구나.

1971년 폴이 열두 살이 되던 해에 폴의 가족은 플로리다 주의 위키와치라는 작은 도시로 이사를 갔어. 미국 남쪽에 멕시코만과 접해 있는 곳이야. 바다와 산, 그리고 숲과 호수가 어우러진 훌륭한 자연 환경이 펼쳐져 있지. 폴의 식구는 숲 속 캠핑촌에서 약 5년간 머물렀대. 아버지가 버스를 개조해서 만든 캠핑카가 폴 가족의 집이었어. 마치 매일매일 여행 온 것처럼 흥미로운 일상이었을 것 같지 않니? 사방이 놀이터에다 온갖 식물과 곤충에 둘러싸여 있었으니 말이야.

다른 친구들과 같은 집이라는 공간에서 편하게 자라지는 못했지만, 폴은 자신의 가정환경이 가난하거나 불우하다고 생각한 적이 없다고 해. 아버지의 강직하고 믿음직스러운 성격과 차분하고 정이 많은 어머니의 영향이 컸지. 자녀들에게 교도관이라고 불릴 만큼 엄한 아버지였지만, 가족에게 아버지는 언제나 큰 보호막이 되어 주었어. 캠핑카가 전봇대에 부딪히고 언덕 밑으로 굴러 떨어져도, 혹은 파도에 보트가 마구 요동을 쳐도 아버지라는 큰 산이 있기에 안심할 수 있었지. 폴의 여동생 제니퍼는 이런 아버지와 폴의 공통점을 일단 목표를 정하고 나면 절대 포기하지 않는 거라고 얘기해.

한편, 폴의 어머니는 어려운 환경에서도 불평불만 없이 6명의 자녀를 사랑으로 키웠지. 멀리서 매일 물을 떠다 나르면서도, 세탁기가 없어 손빨래를 하면서도, 그리고 생활비를 벌기 위해 마트에서 점원으로 일하면서도 모두에게 항상 친절했다고 하는구나.

미래 행동파가 되기 위한 자양분

이렇게 폴은 대학에 들어가기 전까지 여행하는 것과 같은 삶을 살았어. 이러한 경험은 훗날 전기도 도로도 없는 아이티의 오지 마을에서 오랜 시간 지낼 수 있는 원동력이 되었지. 식사가 아무리 부실하게 나와도 잠자리가 더없이 불편해도 폴은 크게 개의치 않았어. 또 아무리 열악한 장소라 해도 자신의 일에 무섭게 집중했지.

그렇지만 스스로 고향이라는 말을 생각해 본 적이 없다고 할 정도로 폴에게는 어려서부터 고정된 집이란 것이 없었지. 이런 그에게 스스로 고향이라 부르는 곳이 생겼어. 그곳은 폴이 의사가 되어서 오랜 시간을 보내게 될 아이티의 가난한 마을, 캉주란다.

　폴이 아이티라는 나라를 알게 된 건 고등학교 시절로 거슬러 올라가. 당시엔 호숫가에 정박된 보트에서 살았어. 아버지가 이 보트를 수리하느라 직장을 잠깐 쉬게 되었고, 폴을 포함한 아들 셋은 돈을 벌기 위해 인근 오렌지 농장에서 일을 해야만 했지. 농장에서 일하는 사람들은 대부분 흑인이었고, 그들은 폴이 처음 듣는 언어를 사용하고 있었어. 호기심 많은 폴은 아버지에게 이들이 누구인지 물었지. 아버지는 그들이 플로리다 주에서 그리 멀지 않은 아이티라는 작은 섬나라에서 온 노동자들이라고 알려 줬어.

　폴은 이때까지만 해도 아이티가 훗날 자신의 고향과도 같은 곳이 될 줄은 전혀 예상하지 못했어. 그렇지만 이는 앞으로 대학교에 입학하게 될 폴에게 중요한 장면으로 기억되지.

모험의 연속이던 어린 시절

방황과 혹독한 시간을 지나

"영혼이 마취되면 의학의 가치가 싸구려로
전락할 위험에 있으며 실제로 그런 일이
이미 벌어지고 있습니다."

2001년 브라운의대 졸업식

고등학교를 졸업한 폴은 듀크대학에 들어가 인류학을 공부했어. 사교성이
좋아서 항상 친구들을 몰고 다녔고, 부잣집 친구들과 어울리면서 고급문
화에 빠져들었지. 그러나 곧 폴은 가난했지만 타인에게 헌신적이었던 아
버지를 떠올리며 사교클럽을 빠져나오게 돼. 뒤늦은 사춘기가 찾아온 폴
의 대학 생활을 들여다보자.

결국 넘지 못한 아버지라는 큰 산

폴은 플로리다 주에 있는 브룩스빌 에르난도고등학교를 수석으로 졸업하고, 명문대로 손꼽히는 듀크대학에 전액 장학금을 받고 들어갔지. 그러고 나서 하버드 의학대학원에도 떡하니 붙었어. 그렇지만 폴이 아무런 노력 없이 이런 결과를 얻게 된 건 아니야. 폴에게는 넘을 수 없는 아버지라는 큰 산이 존재했고, 그 거대한 산에게 인정받기 위해 열심히 노력했단다.

남동생 제프는 아버지가 형 폴에 대해서 자부심이 엄청났다고 이야기해. 그런데 절대로 폴에겐 직접 표현하지 않았대. 대신 아버지는 폴이 거만해하는 꼴은 절대로 못 본다고 말하곤 했대. 아버지는 자녀들이 버릇없이 잘난 척하는 것에 매우 엄격했어. 아이들이 뛰어난 재능을 가졌더라도 자만하지 않고 겸손할 수 있게 행동이 철저하고 까다로웠지. 다른 형제는 물론이고 폴 역시 아버지에게 인정받기란 쉬운 일이 아니었어. 아무리 공부를 잘해도 아버지는 쉽게 폴을 인정해 주지 않았단다. 지나칠 만큼 칭찬에 인색했지. 폴의 어머니는 그가 아버지에게 인정받기 위해 얼마나 힘들게 노력했는지 잘 알고 있어.

"폴이 정말 얼마나 애썼는지를 생각만 하면 막 울고 싶어져요. 폴은 자기가 공부뿐만 아니라 운동도 잘할 수 있다는 걸 아버지에게 꼭 보여 주려 했어요. 남편이 아직 살아 있다면 폴을 무척 자랑스러워했을 거예요."*

어머니 말대로 폴은 공부뿐만 아니라 운동에서도 아버지에게 인정받기를 원했어. 육상 경기에 나설 때면 너무 무리를 해서 결승선에서 토하기까지 했지. 폴은 이렇게 해서라도 아버지라는 큰 산을 넘고 싶었던 것 같아. 그렇지만 아버지는 끝까지 폴 앞에서 진심을 드러내지 않았다고 해. 폴이 하버드 의학대학원에 합격했다는 소식을 전했을 때조차도 아버지는 수화기 너머로 무뚝뚝하게 대답했지.

"어, 뭐 합격할 줄 알았어."*

안타깝게도 아버지 폴 시니어는 1984년 7월 농구 경기를 하던 중 갑작스레 사망하고 말았어. 심장마비 때문인 것으로 추정된다고 해. 마흔아홉, 죽음을 맞이하기에는 너무 이른 나이였지. 아버지의 장례식을 치르고 난 후 폴은 아버지가 쓴 편지를 읽고 슬프게 울었어. 폴이 그렇게 듣고 싶어 했던 아버지의 진심어린 칭찬이 적혀 있었기 때문이야.

"아들아, 아빠는 아들이 정말로 자랑스럽다."*

폴에게 아버지는 넘을 수 없는 산이었지만, 그래서 더욱 인정받고 싶은 존재였지만, 기회를 영원히 놓쳐 버렸어. 아무리 밝고 활달한 성격이라고 해도 스물넷의 나이에 아버지를 여의었다는 사실은 폴에게 큰 아픔이었을 거야. 그래서인지 그가 처음으로 출간한 《에이즈와 비난 : 아이티와 비난의 지리학AIDS and Accusation : Haiti and the Geography of Blame》이란 책 서문에 다음과 같이 적었단다.

"이 책은 나의 아버지와 함께 한 기억에 바치려 합니다."

듀크대학 초년생 시절, 방황하던 폴

듀크대학에 들어간 폴에겐 완전히 새로운 삶이 기다리고 있었어. 부모님으로부터 벗어나 한 명의 성인으로서 홀로서기에 도전했고, 여러 고민 끝에 의학대학원 진학을 계획하게 된 소중한 시기였지. 그렇지만 그의 삶에 있어 어느 때보다 가장 격정적이고, 또 방황도 많이 하던 때이기도 해.

대학교 입학 직후 폴은 어땠을까? 끝없이 넓은 학문의 세계에 푹 빠졌을까. 아니면 그동안 하지 못했던 취미 생활을 하며 지냈을까. 성인으로서의 삶은 약간 삐딱하게 출발했어. 폴은 캠핑촌에서 보지 못한 부잣집 친구들과 어울리며 소위 고급문화에 흠뻑 젖어들었지. 유행이 한참 지난 옷에, 용돈은 터무니없이 부족했고, 심지어 따뜻한 물로 하는 샤워조차 낯설었던 폴에게 동기들의 모습은 그야말로 충격이었어.

폴은 패션에 민감한 대학생이 되어 버렸지. 사춘기에 접어든 소년처럼 부잣집 친구가 입는 옷이 아니면 입으려 하지 않았어. 당시 폴의 가족은 폴이 자신들과 완전히 등질 것처럼 멀어졌다고 기억하지. 어머니는 이런 폴을 걱정했고, 아버지는 변해 버린 아들의 모습을 매우 냉소적으로 바라보았어. 한번은 폴이 집에 내려와 명품 옷 타령을 하자 아버지는 이렇게 말했다고 해.

"오, 그래? 그런데 그런 고급스런 옷을 입는 폴 너도 우리 집에서는 배 밑바닥 청소를 해야 하지!"*

아버지가 비아냥거릴 만큼 폴은 사교클럽의 고급문화를 스펀지처럼 흡수했어. 이런 변화에는 사교성이 좋고 남의 이야기를 잘 들어주는 폴의 성격도 한몫했을 거야. 고등학교 시절부터 여학생한테 인기가 좋았고, 대학교에 들어가서는 항상 많은 친구를 우르르 몰고 다녔지. 폴과 함께 식당에 가면 자리에 앉기까지 30분은 족히 걸렸다고 하니 그 인기가 어느 정도였는지 짐작이 가지?

그렇지만 폴은 과감히 사교클럽 생활을 중단하기로 결정해. 오로지 백인 출신의 부유층으로만 회원이 유지되던 클럽에 염증이 생겼거든. 폴은 그간 접해 보지 못한 새로운 세상에 대한 호기심과 동기들에 대한 부러움, 시기심으로 얽혀 있었어. 부유한 삶을 누린 동기들을 보며, 캠핑촌의 삶이 상대적으로 초라하게 보였을지도 몰라. 그렇지만 타인에게 헌신적이었던 아버지와 가난하지만 항상 자신을 반갑게 맞아 주던 이웃을 기억하고 있던 폴에게 사교클럽은 점점 불편해졌지.

"아버지는 약자를 배려할 줄 모르고 잘난 척하고, 있는 척하는 사람들을 멀리했어요. 하지만 가난한 사람들에게는 부족한 돈이라도 정말 아낌없이 나눠 주셨죠."[*]

폴은 이런 아버지의 모습과 고급문화를 즐기던 자신을 돌아보면서 많은 반성을 했다고 해. 이렇게 첫 대학교 생활의 절반이 지나가고 있었지.

의료인류학에
눈을 뜨다

"의사가 된다는 것이 새벽 3시엔 분명히 힘들게 느껴질 겁니다.
하지만 그것이 환자가 되는 것보다 힘든 일은 아닙니다."

2003년 하버드 의학대학원 졸업 기념행사

방황을 끝낸 폴은 의료인류학이라는 학문에 빠져들었어. 당시 폴이 롤모
델로 삼은 사람은 바로 독일의 의사이자 병리학의 아버지인 루돌프 피르
호였지. 그리고 해방신학을 접하면서 알게 된 율리아나 수녀님을 통해 다
시 한 번 아이티 이주노동자들과 만나게 돼. 이후 폴은 대학을 졸업하자마
자 운명처럼 아이티로 떠난단다.

가슴 뛰는 새로운 학문을 만나다

대학 생활의 중반기를 넘어선 시점부터 폴은 자신이 나아가야 할 방향에 대해 진지하게 고민하기 시작했어. 물론 공부에도 매진 했지. 그러던 중 새로운 학문적 자극을 위해 2학년 여름방학과 이 어진 가을학기를 프랑스 파리에서 교환학생으로 보냈어.

그곳에서 당시 프랑스의 저명한 인류학자였던 클로드 레비-스 트로스Claude Lévi-Strauss의 생애 마지막 수업에도 참여했지. 또 폴은 주말마다 집회에 나가면서 사회 및 정치에 대한 여러 이야기를 들 었어. 이런 사색의 시간을 거치면서 의료인류학이라는 학문에 빠 져들었어.

여기서 잠깐

클로드 레비-스트로스는?

구조주의 인류학의 창시자로 그의 업적을 간단하게 설명하면, 인간 사회의 모든 문화 가 상징을 기반으로 하는데, 그 상징의 가장 핵심적인 '구조'는 서로 상반되는 두 개의 기본 요소로 되어 있다는 것이지. 예를 들면, 뜨겁고 차가운 것, 날 것과 익힌 것 등으 로 말이야. 레비-스트로스는 1981년에 우리나라에 방문한 적이 있는데, 그때 경주와 안 동, 통도사를 방문했어. 보통 서양의 석학들이 우리나라에 오면 발표와 인터뷰를 마치 고 바로 떠나는데, 그는 3주 정도 머물면서 한국 문화를 관찰했지. 그가 전통문화 탐방 을 방문 조건으로 내건 것은 현지 조사를 중시한 인류학자다운 태도였다고 평가받아.

폴의 마음속 멘토, 루돌프 피르호

폴은 의료인류학 수업을 들으면서 전공인 인류학에도 더욱 큰 관심을 갖게 되었어. 그는 인류학을 측정보다는 의미를 파악하는 것에 초점을 두는 학문이라고 이야기해. 새로운 언어를 배울 때 사전에 나온 뜻만 아니라 그 속뜻도 배워야 하는 것처럼 말이야. 그러한 깊은 의미를 이해하기 위해서는 그 나라의 정치, 경제 그리고 역사도 알아야 한다고 했지. 폴은 자신이 현지에 직접 가서 보고 듣고 이야기하면서 그곳 사람들의 문화가 지니는 의미를 알고 싶었어. 그런데 인류학이란 건 이렇게 여러 분야를 섭렵해야 한다고 하니 벌써부터 머리가 지끈지끈하네. 물론 호기심 강한 폴에게는 어울리는 학문이겠지만.

이런 폴이 닮고 싶어 한 인물은 누구였을까? 바로 오래전 독일에 살았던 루돌프 피르호Rudolf Virchow, 1821~1902를 꼽는단다. 그는 병리학의 아버지라고도 불리며, 사회의학의 창시자이기도 하지. 병리학은 우리 몸에 질병이 생기는 이유를 밝혀내는 의학의 한 분야로 피르호는 세포 수준에서 병이 발생하는 것을 최초로 밝혀낸 선구적인 의사야. 사회의학은 질병의 발생을 환자를 둘러싼 모든 환경, 사회 요인을 검토하는 의학의 한 분야란다. 피르호는 전염병에 대해 "만일 질병이 한 개인이 열악한 환경에서 살고 있음을

루돌프 피르호의 모습이야. 그는 '의학 교육은 학생들에게 돈을 버는 기술을 가르치기 위해 존재하는 것이 아니라 지역 사회의 보건을 책임지도록 하기 위해 존재하는 것'이라고 했어.

보여 주는 것이라면, 전염병은 다수의 사람들이 대규모 폐해 속에 처해 있음을 보여 주는 것이다."와 같은 명언을 남겼지.

"피르호는 병리학, 사회의학, 정치학, 인류학 등을 두루 섭렵한 폭넓은 이해력의 소유자였어요. 그는 제가 머릿속에 그렸던 바로 그 모델이에요."*

피르호를 알게 되면서 폴의 학문적 관심은 자신이 피부로 접하는 현실과 연결되었고, 의사가 되어야겠다고 마음먹었지. 그리고 의학대학원 진학의 결정적 계기인 아이티라는 나라를 만나게 돼.

인생의 전환점, 1980년 3월 24일 철야 예배

폴은 전공인 인류학 이외에도 역사와 정치에 관심이 많았어. 특히 중앙아메리카와 남아메리카의 시사 문제에 관심이 컸지. 그가 듀크대학에 입학한 다음 해인 1980년 3월 24일, 중앙아메리카에 위치한 나라 엘살바도르에서 가톨릭 대주교 오스카 로메로Óscar Romero가 극우 암살단에 살해당하는 일이 발생했어. 미국의 여러 대학에서 대규모 항의 집회가 열렸고, 사건이 벌어진 날 폴도 이들 무리 속에 있었어. 그날 밤 폴은 작은 철야 예배에 참여했는데, 그곳에서 삶의 커다란 전환점을 맞이하게 돼. 가톨릭 신자로서 어떠한 삶을 살아가야 하는지에 대한 고민이었어.

당시 엘살바도르는 폭력적인 군사정권이 국민을 탄압하고 있었어. 로메로 대주교는 군사정권에 핍박받는 가난한 이들 편에 서서 행동했어. 사람들은 대주교를 '목소리 없는 자들의 대변자'라고 불렀지. 그는 군사정권으로부터 "성직자의 옷은 방탄이 아니다."라는 협박까지 당했지만, 끝까지 가난한 이들의 대변인을 자처했어.

폴은 그런 로메로 대주교의 모습에서 피르호를 떠올렸던 것 같아. 우연의 일치처럼 "의사는 가난한 자들을 위한 타고난 변호인이다."라고 강조한 사람이 피르호거든. 폴은 가톨릭 신자였지만 로메로 대주교가 설파하는 내용은 그동안 자신이 알던 것과 전혀 달랐지. 로메로 대주교는 교회가 '가난한 자들을 우선적으로 도와야 할 의무'가 있다고 주장했어. 이것이 1960년대 후반부터 중남미 가톨릭 신학자들을 중심으로 전개된 '해방신학'이야. 사회적으로 소외된 가난하고 억압받는 사람들의 관점에서 가톨릭의 교리를 해석하고 이를 사회 개혁에 적용하려는 움직임이었지. 나중에 폴은 자신의 삶이 해방신학에 많은 빚을 지고 있다고 고백한단다.

율리아나 수녀님과 아이티 이주 노동자를 만나다

폴은 이런 비극적인 상황에 분노하기보다는 호기심을 먼저 가졌다고 해. 계속된 호기심은 듀크대학에서 멀지 않은 이주 노동자

엘살바도르대학 법과사회과학부의 오스카 로메로 대주교 벽화야.

캠프촌으로 그를 이끌었어. 그곳에서 폴은 로메로 대주교와 같이 가난한 자들을 위해 자신을 희생하는 율리아나 드볼프 수녀님을 만났지. 수녀님은 당시 인근 농장에서 일하는 이주 노동자들을 헌신적으로 도왔어. 대학에서 편하게 공부만 하던 폴과는 너무 비교된 삶이었지.

폴은 아무리 볼품없어 보이는 일이라도 자신이 먼저 나서서 해결하는 수녀님을 보면서 소중한 가르침을 얻었어. 그리고 수녀님을 통해 아이티에 대한 호기심을 한 단계 발전시켰지. 폴은 수녀님을 따라다니면서 노스캐롤라이나 주의 담배 농장에서 일하는 수많은 아이티 출신 노동자들을 만날 수 있었어. 노스캐롤라이나 주는 오래전부터 담배 농장으로 유명했고, 지금도 많은 중남미 출신 이주노동자들이 담뱃잎 경작으로 생계를 유지하고 있지.

폴이 1980년대 초반 목격한 아이티 노동자의 삶은 정말이지 열악했어. 그는 닥치는 대로 아이티에 대한 자료를 찾아서 읽기 시작했고, 상당히 많은 정보를 섭렵한 후에는 〈집 없는 아이티 노동자〉라는 제목의 글을 쓰기도 했지. 아이티는 폴에게 단순한 호기심 그 이상으로 다가왔어. 폴은 플로리다에 있는 난민 수용소를 찾아가 아이티 난민 추방의 부당함을 알리는 항의 집회에 참여하기도 했지. 아이티에 대한 관심이 분노의 단계로 넘어선 순간이었어. 이후 폴은 듀크대학을 졸업하자마자 아이티로 떠난단다.

인류학과 의료인류학

인류학anthropology은 한 사회의 문화, 즉 인간의 생활양식과 상징체계를 연구하고 분석하는 학문이야. 예를 들어 '윙크'는 단순히 한쪽 눈을 깜빡이는 행동이지만, 이 작은 행동에도 상징적 의미가 담겨 있어. 이성에 대한 호감 혹은 정보를 전달하는 표시 등이 그것이지.

인류학을 다른 학문과 구분 짓는 가장 중요한 특징은 연구 방법이란다. 인류학은 연구하고자 하는 대상이 살고 있는 현지에 직접 방문해서 오랜 기간 함께 생활하며 자료를 모으는 방식을 따르지. 이걸 참여 관찰participant observation을 기반으로 한 현지 조사fieldwork라고 하는데, 요즘에는 연구 대상자의 이동 경로를 따라 여러 현지를 동시에 연구하거나 인터넷 영역으로까지 연구의 폭이 넓어졌어. 이렇게 얻어진 자료를 역사, 정치, 경제 등의 자료와 함께 포괄적으로 분석한단다.

인류학 중에서도 인간의 몸과 건강, 그리고 질병에 대한 문화적 요소에 대해 연구하는 분야가 의료인류학medical anthropology이란다. 1972년에 미국인류학협회 내에 처음으로 의료인류학학회가 공식적으로 형성되었으니 그 역사가 길지는 않아. 의료인류학자들은 주로 질병의 사회적 기원과 증상과 치료에 대한 문화적 영향, 그리고 생물학, 사회, 문화의 상호작용에 대해 연구하지. '건강하다'라는 개념만 보아도 문화적 요인(고통을 경험하고 증상을 표현하는 방식의 차이), 사회적 관계(가족과 사회에 존재하는 인간관계의 특성 및 넓게는 정치적, 경제적 체계 속에서의 위치), 인체 생물학(병균의 인체에 대한 위협 및 이에 대한 인체의 면역 반응)을 종합적으로 고려해서 이해하려고 하지.

의료인류학의 가장 중요한 전제는 건강과 관련된 모든 쟁점이 단순한 생물학적인 현상에 그치지 않고 이를 훨씬 뛰어넘는다는 사실이야. 에이즈만 하더라도 인간 면역 결핍 바이러스human immunodeficiency virus, HIV가 인체의 세포에 어떤 영향을 주고 또 이것을 어떻게 막을 수 있는지만 연구하면 에이즈라는 질병을 완전히 이해했다고 할 수 있을까? 그렇지 않아. 의료인류학자는 여기에서 더 나아가 에이즈 감염에 가장 쉽게 노출된 사람들에게 다가가는 방법에서부터 에이즈에 감염되는 구조적, 상황적 요인을 알아내고자 노력해. 또한 에이즈가 국제적인 감염병인만큼, 생물학 지식을 넘어서 국가와 지역마다 다른 감염 경로와 인구 집단과 보건 의료 체계, 그리고 각기 다른 상식과 행동까지 모두 고려해 연구한단다.

폴 파머는 아이티에서 발생한 에이즈 환자를 치료하며 "왜 질병은 가난한 사람에게 먼저 찾아오는가?"라는 물음을 가졌고, 질병이 갖는 '구조적 폭력'을 지적했어. 구조적 폭력이란 말 그대로 사회 구조가 가져오는 폭력이야.

폴은 아이티의 에이즈 환자들이 겪고 있는 극심한 가난과 인종 차별, 장기간 계속된 독재가 고문이나 강간 같은 직접적인 폭력보다 아이티 인들이 질병에 쉽게 노출될 수밖에 없는 구조적 폭력으로 작용하고 있음을 보여 주었지.

이처럼 의료인류학자들은 질병과 관계된 복합적인 요인을 분석해서 질병을 효과적으로 치료하고, 나아가 전 세계 사람들의 건강을 형평성 있게 증진시키려고 노력하고 있단다.

아이티에서

의사로서의 삶을 찾다

우린 모두 인간이에요

음식이 영양실조의 올바른 치료법이라고
동료나 사람들을 설득하기 위해 수없이 많은 시간을
투자해야 한다면 믿으시겠습니까?

2008년 옥스퍼드대학교 스콜세계포럼

아이티에 도착한 폴은 아이티 전역을 돌아다니며 의학과 인류학을 접목시
킬 방법을 찾고 있었어. 그러다가 의료 봉사를 하던 중 만난 말라리아 환
자를 허무하게 떠나보내고, 라퐁탕 신부에 이끌려 캉주라는 곳을 방문하
게 돼. 훗날 폴이 자신의 고향이라고 부르는 캉주, 황무지 같던 그곳에서
그는 무상 진료소에 대한 꿈을 키운단다.

인류학자로서 현지 조사를 시작하다

1983년 4월, 폴은 처음으로 아이티에 발을 디뎠어. 적어도 1년 간은 머물 생각이었지. 아이티 화가에 대한 에세이를 써서 주머니를 두둑이 채워 뒀거든.

"아이티로 떠날 때 크게 두 가지 생각한 게 있었어요. 첫 번째는 환자를 치료하는 곳에서 일하는 것이었는데, 이건 건강과 질병에 대한 폭넓은 관심 때문이었죠. 특히 카리브 해 지역과 중앙아메리카 지역의 공중 보건과 관련해서 말이죠. 두 번째는 사실 좀 주제 넘는 생각이었지만, 인류학적 현지 조사를 통해서 아이티 시골 지역 사람들의 삶과 죽음에 대해 가능한 한 많이 알고 싶었어요."*

이렇게 의학과 인류학, 두 가지 학문에 대한 호기심을 갖고 아이티의 수도 포르토프랭스에 도착했어. 당시 아이티는 프랑수아 뒤발리에 François Duvalier에 이어 그의 아들인 장 클로드 뒤발리에 Jean-Claude Duvalier가 무력으로 국민을 통치하던 때였지. 정부에 반대하는 국민은 암살까지 당하던 아주 삼엄한 시절이었다고 해. 그럼에도 포르토프랭스는 여러 나라에서 온 관광객으로 붐볐고, 이들을 보호하는 치안 인력도 상당했어. 관광객을 위한 고급 호텔과 식당도 즐비했고. 하지만 이곳을 조금만 벗어나면 아이티는 헐벗고 가난한 나라에 불과했지.

폴은 일하기로 마음먹은 아이티의 한 현대식 병원을 찾아갔지만 일자리를 거절당했어. 이후 수소문 끝에 아이 케어 아이티Eye Care Haiti라는 단체를 통해 아이티 중부 고원 지대에서 자원봉사자 일을 시작했지. 폴은 인류학자처럼 녹음기와 카메라, 공책 한 권을 항상 들고 다녔어. 누구를 만나더라도 전혀 부끄러움 타지 않고 대화를 쉽게 나눴지. "어디서 식수를 가져오나요?", "질병이 어떻게 해서 생긴다고 생각하세요?" 끊임없이 질문하고 녹음하고 노트에 옮겨 적기를 반복했어. 이렇게 타고난 적극성과 넉살 덕분에 현지어인 크레올 어 실력이 일취월장했지.

미래가 보장된 안락한 삶을 버리고 이처럼 소탈하게 아이티의 시골 마을에서 아이들과 허물없이 지낼 수 있을까. 황무지와 같던 그곳에서 훗날 폴이 일궈 낸 성과는 세계의 많은 학자와 젊은이의 가슴을 요동치게 만들었어. 그 누구도 예상하지 못했을 거야. 아마 폴 자신도 몰랐을 테지. 하지만 분명한 건 이 모든 게 황량한 시골 마을에서 천진난만한 아이들과 어울리면서 시작되었다는 거야.

첫 번째 말라리아 환자, 비로소 꿈을 품다!

폴은 한곳에만 머물지 않고, 차를 얻어 타고 다니며 아이티 전

프랑수아 뒤발리에(좌측)는 폴 파머처럼 의사였어. 복지와 보건 관련 작업을 했던
흑인 진보주의자로 '아빠 의사'란 뜻의 파파독(Papa Doc)이라 불리며 사랑받았지.
하지만 그는 대통령이 된 뒤에 현대에서도 보기 드문 최악의 독재정치를 펼쳤어.
1957년부터 1971년까지 아이티를 통치하던 그는 아들인 장 클로드 뒤발리에(우측)에게
대통령 직을 물려준단다. 베이비독(Baby Doc)으로 불리는 아들 역시
1971년부터 1986년까지 15년간 아이티의 독재자로 군림하지.

역을 여행했어. 부족한 경비 때문에 길거리에서 파는 음식을 먹고 설사병에 걸려 입원을 하기도 했지만 말이야. 이런 일이 생길 때면 폴도 솔직히 미국으로 돌아가고 싶었다고 해. 그렇지만 포기하긴 일렀지. 어떻게든 아이티에서 의학과 인류학을 접목시킬 방법을 찾고 싶었거든.

그러던 중 의사와 간호사를 보조하는 자원봉사자로 일할 기회가 찾아왔어. 포르토프랭스에서 약 20킬로미터 정도 떨어진 레오가네Léogane라는 마을의 생크루와병원Hopital Sainte Croix이었지. 그곳에서 폴은 오늘날 자신을 있게끔 만든 소중한 경험을 하게 된단다. 그건 바로 말라리아에 걸린 채 죽음을 기다리고 있는 젊은 산모와의 만남이었어.

폴은 항상 "나는 책이나 이론을 통해서가 아니라 아이티를 직접 경험하고 난 후 인생의 길을 찾았다."라고 이야기해. 하지만 경험은 때론 너무나도 큰 고통을 주기도 하지.

말라리아에 걸린 아이티 여성이 폴이 일하던 응급실에 찾아온 건 어느 날 밤 갑작스럽게 일어난 일이었어. 임신 중인 여성은 정신을 잃은 채였고, 당장 수혈을 받아야 할 정도로 위급한 상황이었어. 그런데 보호자인 환자 언니한테는 혈액을 구할 돈이 없었어. 폴은 다급한 마음에 여기저기서 돈을 모아 건넸지. 아마 15달러 정도였다고 해.

환자의 언니는 혈액을 구하러 나갔다가 금방 돌아왔어. 혈액을 빨리 구해서 다행이라고? 아니야, 슬프게도 환자 언니가 금방 돌아온 이유는 혈액을 구하기엔 돈이 턱없이 부족해서였어. 결국 그녀는 치료를 받지도 못하고 죽고 말았어. 물론 배 속의 태아도 함께……. 최선을 다해 환자에게 도움을 주려 했던 폴에게 간호사들은 칭찬과 격려의 말을 전했어. 환자의 언니도 폴에게 아낌없이 감사를 표했어. 하지만 폴의 머릿속에는 환자가 죽기 전 언니가 끊임없이 외쳤던 말이 메아리쳤어.

"이건 있을 수 없는 일이에요. 가난한 사람은 수혈을 받을 수 없다니요! 우린 모두 인간이에요."*

'우린 모두 인간이에요'를 아이티 어로 '드 문 세 문tout moun se moun'이라고 하거든. '드 문 세 문'이 폴의 머릿속을 날아다녔고, 폴은

여기서 잠깐

말라리아는 어떤 질병인가요?

말라리아라는 세균을 가진 모기에 물려서 감염되는 전염병이야. 몸속에 들어온 균은 사람의 혈액을 구성하는 가장 중요한 성분인 적혈구에 기생을 한단다. 이때 균에 의해 적혈구가 터지면서 온갖 증상이 발생해. 갑자기 고열이 나며 설사와 구토, 발작을 일으키기도 하지. 너무 심하면 몸에 꼭 필요한 적혈구가 파괴되고 심각한 빈혈이 발생할 수 있어.

아이티에서 의사로서의 삶을 찾다

수혈에 필요한 돈을 마련하지 못한 자책감으로 괴로워했지. 폴은 수혈을 제때 받을 수 있는 혈액은행을 직접 마련하기로 하고 당장 실행에 옮겼어. 우선 친척과 대학 동창의 부모님에게 연락을 했지. 그렇게 해서 짧은 시간 안에 많은 기금을 마련했지만, 폴은 다시 한 번 크게 좌절하고 말았단다. 가난한 환자가 수혈이나 다른 진료를 받으려면 먼저 돈을 지불해야 했기 때문이야. 아무리 훌륭한 혈액은행을 만들더라도 결국 돈이 없는 환자는 진료를 받을 수조차 없었어.

"그래, 내가 직접 그 잘난 병원을 지어야겠어. 그곳에선 절대 진료를 받기 위해 먼저 돈을 내야 하는 일이 없도록 할 거야."*

이때의 좌절감으로 폴은 자신이 인생 최대 역작이라고 평가한 일을 추진하기로 결심해.

프리츠 라퐁탕Fritz Lafontant 신부님, 그리고 캉주

처음 아이티에 갔을 때 폴은 몇몇 빼놓을 수 없는 중요한 사람을 만났어. 그중 한 명이 바로 아이티 출신의 프리츠 라퐁탕 성공회 신부님이야. 1983년 5월 신부님은 미국 사우스캐롤라이나 북부 주교 관구로부터 지원을 받아 아이티의 미레발레Mirebalais 지역에서 의사가 한 명뿐인 작은 진료소를 운영하고 있었지. 그와 동시에 신부님은 아내와 함께 그 지역 빈민촌에 학교와 교회를 짓는 등 여러 사업을 진행했어. 그중에 '캉주'라는 마을이 있었지. 폴은 신부님과 함께 캉주에 자주 방문했는데, 지금까지 보아 온 아이티의 빈곤과는 차원이 다를 정도로 캉주는 충격 그 자체였지.

아이티의 전역이 수풀로 우거진 데 반해 캉주는 초록색이라곤 찾기 힘든 불모지였어. 집들은 제대로 된 양철 지붕도 없이 바나나 나무껍질로 엮어 놓은 게 전부였어. 캉주 사람들은 상황이 개선되리란 기대는 저버린 듯 보였다고 해. 많은 이들이 질병을 앓고 있었고, 이들을 치료해 줄 의료 시설은 전혀 없었지. 폴은 가난보다 더 심한 비참함을 목격했어. 마을 전체가 극도로 빈곤한 지역, 그곳이 바로 캉주였어.

만약 폴이 라퐁탕 신부님을 만나지 못했다면, 그래서 아이티에서 최고로 가난한 캉주를 가지 않았다면, 폴의 미래는 어떻게 변했을까. 신부님은 폴에게 그가 가야 할 방향을 직접 보여 주었어. 신부님과 교류하면서 폴은 해방신학에도 더욱 관심을 가지게 되었단다. 신부님은 일부 기독교 선교사가 아이티 인들을 '자포자기 믿음'에 빠지게 한다고 비난했지. 가난을 그저 운명으로 받아들이고 변화를 전혀 꿈꾸지 않는 상태로 만든다는 거야. 그렇지만 폴이 만난 많은 아이티 농부들은 그렇지 않았어. 폴은 이들의 기독교 신앙이 좀 다르다는 것을 느꼈지.

아이티의 수도 포르토프랭스에서 북쪽에 위치한 곳이
폴이 자신의 고향이라 부르는 캉주란다.

"세상의 나머지 사람들이 아이티 인들을 괴롭히면서 잘못을 저지르고 있지만, 아마도 정의롭고, 전지전능한 분이 계속해서 점수를 매기고 있을 것입니다."*

그들의 믿음은 삶을 포기할 정도로 열악한 환경을 견딜 수 있게 해 주었지. 당시 그들이 의지할 수 있는 건 종교뿐이었어. 그래서 폴은 자연스럽게 종교에 대해 다시금 생각하게 됐어. 독실한 가톨릭 신자인 어머니 밑에서 자랐지만, 종교를 따분한 의례로만 알았던 폴이었거든. 그런데 최악의 빈곤에 처한 아이티 사람들에게 종교가 실제로 도움을 주고 있다는 사실을 깨달았어. '가난한 이들에 우선적인 관심과 혜택을 주어야 한다.'라는 해방신학의 가치가 폴에게 큰 울림으로 다가왔지. 실용성을 중시하고 자신을 행동파로 표현하던 폴에게 해방신학은 잘 어울리는 종교였단다. 이제 폴에게 해방신학은 중요한 삶의 지표가 되었어.

"해방신학은 빈곤을 은폐하려는 것에 대한 강력한 비판이야. 그것도 학문적 분석 수준을 초월한 것이지."*

캉주에서 무상 진료소의 꿈을 키우다

폴은 라퐁탕 신부님이 운영하는 미레발레의 진료소에서 일했어. 폴이 처음 마주한 진료소 풍경은 최악이었어. 진료는 형식적이었고 의사는 의욕이 없어 보였지. 사실 이런 풍경은 아이티 전역에서 경험했던 터라 오히려 익숙했어. 신부님은 폴에게 새로운 과제를 내주기 위해 캉주 근처 황량한 판자촌으로 그를 데리고 갔어. 그곳엔 미레발레에서 본 최악의 진료실조차 없었지. 아이러니하게도 그때 폴의 머릿속에 자신만의 이상적인 의료 시스템이 떠올랐어. 그것은 크게 두 가지 원칙을 기반으로 해. 첫째, 가난한 사람이 무상 진료를 받을 수 있게 하는 것. 둘째, 환자에게 실질적인 도움이 되는 서비스를 제공하는 것.

행동파 폴은 바로 현지 조사 작업에 착수했지. 우선 주민들의 질병과 사망에 대한 기본적인 정보를 수집했어. 결과는 예상한 대로 처참했지. 특히, 어린아이와 청소년의 집단 사망률이 심각할 정도로 높았어. 이건 어머니들의 높은 사망률과 밀접하게 연결되어 있지. 그리고 조사 과정을 통해 캉주 사람들이 자신들에 대해 조사만 하는 데 그치는 것이 아니라 결과에 따라서 실질적인 해결책을 가져다주기를 바란다는 걸 알았어. 폴은 새로운 의료 시스템을 향한 의지를 더욱 불태웠어. 당시 폴이 생각했던 두 가지 원칙은 평생 그가 지켜 갈 신념이 되었지. 폴은 이 신념을 잊지 않으려고 끊임없이 노력했어. 때로는 정말 불쾌한 질문과 직면하면서 말이야.

"그 못사는 나라의 병든 사람을 죽도록 놔두는 것이 세계 인구

증가 추세를 막을 수 있는 방법이 아닐까요?"

병들고 가난한 환자를 치료하지 않고 죽게 놓아두라니! 폴은 이런 질문에 머뭇거리거나 화내며 시간을 낭비하지 않았어. 아이티 사람들이 치료 가능한 질병으로 참혹하게 죽는 걸 수도 없이 목격했거든. 지금도 일주일에 100시간씩 밤잠을 설쳐 가며 초인적으로 일하는 폴은 그 이유를 이렇게 설명해.

"내가 이렇게 열심히 일하지 않으면, 누군가가 죽지 않아도 될 사람이 죽기 때문이죠."*

아이티에서 의사로서의 삶을 찾다

행동파 의사로
마음을 굳히다

빈곤과 사회적 불평등은 바깥세상은 물론이고 우리 안에서도
이미 추악한 몰골을 드러내고 있습니다.
강력한 전염병과의 전쟁 역시 그 둘과의 전쟁입니다.

2006년 존스홉킨스대학교 소속 블룸버그 공공보건대학원 졸업식

아이티에 머무르면서 의사 인류학자로 방향을 굳힌 폴은 하버드 의학대학
원에 입학해 학교와 아이티를 오가며 어느 때보다 바쁜 시간을 보낸단다.
당시 폴이 아이티를 자주 방문한 이유는 그곳에서 라퐁탕 신부님과 다양
한 보건 사업을 진행하고 있었기 때문이지.

의사 인류학자로서 방향을 정하다

1984년에 폴은 또 다시 말라리아 환자를 만났어. 라퐁탕 신부님을 적극적으로 도왔던 열여덟 살 소녀이기에 폴도 잘 알고 있었지. 폴이 미국에서 온 의료 봉사단과 함께 작은 예배당에서 무료 진료소 일을 돕고 있을 때였어. 소녀는 운동을 하던 중 쓰러졌는데, 속이 울렁거리고 두통이 좀 심하다고 했지. 열이 난 적도 없고 전에 실신한 적도 없어서 빈혈이라 의심하고 아스피린과 비타민을 처방했어. 학교 의무실에서 쉬던 소녀는 오후가 되자 걸어서 집으로 돌아갔지.

다음 날 오후 소녀가 다시 의식을 잃은 채 쓰러졌다고 연락을 받았어. 병명은 악성 말라리아로 상태가 매우 위중했고, 혈관을 통해 클로로퀸이라는 말라리아 약을 주입해야만 했지. 다행히 응급 처치는 잘 마무리됐고, 치료를 지속하며 쾌유를 기대하는 수밖에 없었어. 그런데 다음 날 병실로 소녀의 상태를 확인하러 온 폴은 깜짝 놀랐어. 전날 밤 소녀의 아버지가 와서 서양 의사에게 자신의 딸을 치료받게 할 수 없다며 집으로 데리고 갔다는 거야. 아이티 부두교의 사제만이 자신의 딸을 치료할 수 있다고 믿었던 거지. 라퐁탕 신부님은 환자의 아버지를 설득하려 했지만 실패하고 말았어. 모든 게 끝나 버렸지.

폴은 신부님에게 자신이 다시 한 번 가족을 설득해 보겠노라고 했어. 폴이 소녀의 집에 도착했을 때 천만다행으로 아버지는 집에 없었어. 폴은 소녀의 어머니에게 "우리의 치료가 당신 딸에게는 유일한 희망이에요. 다른 방법은 전혀 도움이 되질 않아요."라고 설명했어. 하지만 소녀의 어머니는 완강했지. "만일 우리 딸이 죽을 거라면, 이 아이는 바로 여기 우리 집에서 죽을 겁니다."◆ 폴은 소녀의 어머니에게 다시금 부탁했어. "그렇다면 우리가 여기 당신 집에서 아이를 치료할 수 있을까요?" 어머니는 한참을 망설였지만 이내 폴에게 설득당하고 말았어. 이후 집에서 치료를 지속한 결과 소녀는 이틀 만에 의식이 돌아왔지.

이러한 일을 겪으면서 폴은 앞날에 대해서 다시 고민하기 시작했어. 폴이 진료소에서 일한 궁극적인 이유는 인류학적 현지 조사에 충실하고 싶었기 때문이야. 아직 의학대학원에 입학한 것도 아니었고, 온전히 의료 봉사만 하려고 아이티에 온 게 아니었거든. 물론 의과대학에 가기로 마음먹은 것은 사실이지만, 이에 못지않은 또 다른 꿈이 있었지. 바로 의사 인류학자가 되는 것! 폴이 하버드 의학대학원에 지원을 한 것도 의학 과정과 의료인류학 과정을 동시에 밟을 수 있었기 때문이거든. 그런데 어느새 폴은 단순한 관찰자가 아닌 활동가가 되어 가고 있었어.

"나는 당시 순수한 관찰자로서의 위치와 현장에 직접 관여하는 위치 사이에서 끊임없이 갈등했어요. 현지에서 아이티 고유의 문화와 역사를 전혀 이해하지 못한 채 아무런 윤리적 갈등 없이 마구 개입하는 외부 사람을 많이 보았어요. 그에 반해 인류학에서 주장하는 관찰자의 마음자세는 훨씬 더 겸손하죠. '나는 당신들에게 배울 것이 있다.' 이러한 자세는 문화에 대한 이해를 더욱 증진시킬 수는 있어요. 하지만 현지인이 매일 부닥치는 문제들, 예를 들면 적절한 영양 공급, 깨끗한 식수, 질병 예방과 같은 현안에 있어서는 너무 무기력했죠."◆

폴은 긴 고민 끝에 인류학의 장점을 최대한 활용해서 의학을 실천하고 보건 사업에 매진하기로 했지. 폴에게 인류학은 단순한 학문이 아니라 현실에 적극적으로 개입하기 위한 중요한 도구로 자리잡게 되었어. 순수 연구에 대한 애정은 확연히 줄어들었지만, 행동파 의사로 살아가기로 마음을 확실히 굳혔지. 이때가 그의 나이 스물넷이었고, 몇 개월 후 폴은 하버드 의학대학원에 입학한단다.

하버드 의학대학원의 외국인 폴

1984년 가을 하버드 의학대학원에 들어간 폴은 동기들과 나이는 같았지만, 앞으로 무엇을 하며 살아야 할지 삶의 방향과 가치관이 이미 정립돼 있었어.

폴의 몸은 보스턴에 위치한 의학대학원에 있었지만, 마음은 언제나 아이티 캉주로 향했어. 필요한 교과서를 사고 중요한 수업을 듣고 나면 지체 없이 아이티로 떠났지. 그러고는 시험과 실습이 있을 때만 보스턴으로 돌아오고 점차 모든 시간을 아이티에서 보냈지. 2학년이 되었을 때쯤 동기들이 폴의 믿을 수 없는 삶을 알아차렸어. 이때 '외국인 폴'이란 별명이 생겼어. 학교 수업을 듣고 캉주를 오가는 삶은 1984년부터 의학대학원을 졸업하는 1990년 봄까지 이어졌어. 학교에서는 의사가 되어 가는 과정에 있었지만, 아이티에서는 본격적으로 의료 사업을 시작하고 이를 위한 단체를 완성한 시기였지. 당시 주변 사람들은 폴을 이렇게 기억해.

"폴은 자신의 추구하는 일에 매우 헌신적이었어요. 그리고 지칠 줄 모르고 일했어요."

그때 폴이 아이티를 자주 방문한 이유는 캉주에서 다양한 공중보건 사업을 진행했기 때문이야. 라퐁탕 신부님이 본격적으로 사업을 추진하면서, 신부님의 신임을 받던 폴이 많은 일에 관여했지. 그는 수도 설치 사업, 현대식 변기 및 전기 시설 공사, 병원의 진료실 및 실험실 마련 사업을 옆에서 목격하고 도우면서 질병을 치료한다는 것이 얼마나 복합적이고 광범위하게 이루어져야 하는지를 배웠단다.

신부님은 1970년대 후반부터 아이티 시골 마을에 학교를 짓기 시작했어. 가족이 살 집도 농사지을 땅도 없는데 학교부터 짓는다는 게 이상하게 들릴지도 몰라. 하지만 학교가 지어지면 건강 교육을 할 수 있고, 영양이 부족한 아이들에게는 무료 급식도 시행할 수 있어. 폴이 만난 현지 여성의 말에서도 신부님이 옳았다는 사실을 확실히 느낄 수 있었지.

"이곳의 많은 사람들은 이렇게 생각해요. 만일 우리가 글을 쓸 줄 알았다면 어떤 일이 벌어졌을까 하고요. 우리가 글을 쓸 줄 알았다면, 이렇게 살지는 않았을 거예요."

폴은 깨끗한 물, 건강관리, 학교, 음식, 양철 지붕, 시멘트 바닥, 이러한 것이 사람이 살아가는 데 있어 얼마나 중요한지를 현지에서 몸을 부딪쳐 가며 익혔어.

폴 인생 최고의 걸작,
장미 라장테

오늘 제가 할 수 있는 것은 여러분이 다 함께 세상을 더 행복하고
따뜻한 장소로 만들기 위해 노력할 때 이 나라와 이 세상이
어떻게 달라질지를 보여 드리는 것입니다.

2008년 프린스턴대학교 졸업식

행동파 폴은 드디어 파트너스 인 헬스라는 자선 단체를 설립해. 캉주에 세
운 장미 라장테가 바로 파트너스 인 헬스의 자매단체야. 이 모든 건 폴의
든든한 친구들이 있기에 가능한 일이었지. 그리고 마침내 의학대학원을
졸업한 폴은 본격적인 의사 인류학자로서의 행보를 이어 나간단다.

든든한 지원군 오필리아 달과 톰 화이트를 만나다!

1987년 폴은 미국 보스턴에 '파트너스 인 헬스'라는 자선 단체를 설립해. 학생 신분으로 그것도 아이티를 오가는 바쁜 일정에서도 이뤄 낸 놀라운 성과지. 파트너스 인 헬스는 아이티에서 폴의 활동을 돕는 자선 단체야. 아이티에는 자매 법인인 '장미 라장테'를 동시에 설립했지. 그래, 폴 스스로 자신의 최고의 역작이라고 말하는 그 단체란다. 파트너스 인 헬스는 기부금을 받고 기부자에게는 그에 걸맞은 세금 면제 혜택을 주는 방식으로 운영했어. 하지만 폴이 아무리 뛰어나다 해도 주변 사람들의 도움이 없었다면 불가능한 일이었을 거야. 그중 오필리아 달과 톰 화이트는 매우 특별하지.

먼저, 오필리아부터 이야기해 보자. 그녀는 파트너스 인 헬스의 실질적인 대표로 활동했어. 폴이 환자를 진료하는 동안 그녀가 행정 업무를 도맡아 주었지. 이들이 처음 만난 건 1983년 봄 아이티에서 자원봉사를 하면서였어. 당시 오필리아는 열여덟 살이었고, 폴은 스물세 살이었어. 서양인이라고는 찾아보기 힘든 아이티에서 만난 하얗고 길쭉한 폴은 한눈에 띄었지. 이렇게 시작된 인연은 매해 여름 오필리아가 아이티를 방문해 폴을 돕는 것으로 이어졌어.

타국의 시골 마을에서 젊은 두 청춘이 만났으니 사랑하는 마음도 자연스럽게 생겼어. 하지만 이러한 감정은 오래 지속되지 못했지. 폴에게는 삶의 1순위가 확고히 정해져 있었기 때문이야. 아이티에서 가난과 질병으로 고통 받는 사람을 돕는 것이 그에게는 사랑보다 더욱 중요했어. 이로 인해 크고 작은 상처를 주고받았지만, 둘은 최고의 파트너로서 지금까지도 서로에게 훌륭한 지원군이 되어 주고 있단다.

톰 화이트는 폴보다 나이가 무척 많아. 톰은 보스턴에서 건설 회사를 운영하는 사업가로 엄청난 부를 쌓았지. 톰이 폴과 처음 만난 것은 1985년 아이티의 프랑수아 뒤발리에 공항이었어. 당시 톰은 예순다섯 살이었고, 폴은 스물다섯 살에 불과했지. 그는 과거에 익명으로 도와주었던 폴을 만나려고 아이티에 왔어. 1984년 아이티 캉주에 건설한 빵 제조 시설이 톰의 기부로 이뤄 진 거였거든. 이후 톰은 아이티에 본격적으로 기부 사업을 하고 싶었는데, 이때 폴이 눈에 들어왔지. 폴의 안내로 도착한 캉주에서 톰은 극심한 영양실조에 걸린 아이들과 다 쓰러져 가는 판잣집을 난생 처음 목격했어. 그는 너무나도 큰 충격을 받았고 폴에게 당장 급식 프로그램을 시작하고 양철 지붕 보급과 콘크리트 바닥 공사를 하자고 제안했지.

폴은 톰을 처음 만난 1985년을 행운의 해라고 불러. 그 이후로 폴이 아이티에서 시행하는 모든 사업에 든든한 후원자가 되어 주었거든. 캉주의 보건 시스템을 장기적으로 유지하기 위한 재단 설립을 모색하던 폴은 톰의 적극적인 도움으로 파트너스 인 헬스를 설립할 수 있었어. 당시 톰은 재단 설립에 필요한 변호사를 선임해 주었고, 초기 자본금으로 100만 불이나 되는 큰돈을 기부했지. 둘은 40년의 나이 차이에도 불구하고 서로에게 훌륭한 동료이자 친구였어. 톰은 자신의 모든 것을 내던져서 헌신적으로 아이티인을 돕는 폴을 매우 아꼈고, 폴 역시 많은 기부금을 내면서도 현판에 자기 이름 하나 새기기를 원치 않는 톰의 인품을 존경했지. 2011년 1월 톰은 아흔 살의 나이로 사망했어. 그가 죽기 전 2004년 한 매체와의 인터뷰에서 이렇게 말했지.

"나는 내가 더 많은 돈을 주지 못한 것을 무척이나 미안하게 생각한다."

또 한 명의 지원자 짐 킴의 합류

폴의 대학 친구들은 파트너스 인 헬스를 '폴 신부님의 성당'이라고 불렀어. 친구들은 이 성당을 통해서 폴의 헌신적인 사업을 도왔지. 지금이야 전 세계적으로 20여 개 국가의 보건 사업을 선도하는 자선 단체로 인정받고 있지만, 설립 당시만 하더라도 주요 구성원이라고는 단 4명에 불과했지. 폴, 오필리아, 톰, 그리고 한국계 미국인 짐 킴. 그가 바로 너희가 익히 알고 있는 세계은행 World Bank 총재 김용이란다. 짐은 폴과 함께 하버드대학에서 의학과 의료인류학 박사 과정을 밟은 굉장히 가까운 친구 사이야. 폴의 설립 취지에 적극 동의한 짐은 파트너스 인 헬스의 마지막 멤버로 합류했지.

짐은 이후 20년 넘게 개발도상국의 보건 발전 전문가로 활동했어. 그리고 2009년부터 3년간 다트머스대학교의 17대 총장으로 임명되었어. 아시아 인 최초로 아이비리그 대학의 총장이 된 거였지. 이후 세계은행 총재가 되었고, 지금도 여전히 폴의 활동을 적극적으로 돕고 있어.

초창기 폴, 오필리아, 짐, 삼총사는 파트너스 인 헬스의 향후 가치관을 정립하기 위해 끊임없이 토론했어. 톰은 삼총사가 자유롭게 먹고 자고 토론할 수 있는 장소를 제공해 주었지. 이들은 파트너스 인 헬스의 중요한 가치관을 '실질적인 연대pragmatic solidarity'로 표현했어.

당시 아이티는 정치적으로 매우 불안정한 상태였고, 근본적인 변화가 일어나지 않는 한 그들이 시행하는 자선 사업은 단지 임시방편에 불과하다는 비판을 받았지. 삼총사는 아이티 인들이 현재 상황을 극복할 힘을 키우지 못하고 안주하게 한다는 학자들의 주장에 반대했어. 왜냐하면 아이티의 현실은 학문적인 논의를 통해 완벽한 해법을 찾아 나가기엔 일분일초가 다급했거든. 폴과 동료들은 질병으로 고통 받고 죽어 가는 아이티 인들을 두 눈으로 생생히 목격했어. 그들은 아이티 인들을 살릴 수 있는 실질적인 도움을 지금 당장 주어야만 한다고 주장했어. 그래서 파트너스 인 헬스에 모인 기금은 곧바로 아이티 캉주로 투입됐지. 이것이 실질적인 연대의 의미야. 그것은 지금도 파트너스 인 헬스가 추구하는 목표로 고스란히 이어지고 있지.

폴의 첫 번째 책,《에이즈와 비난》

파트너스 인 헬스를 설립해 아이티를 오가며 환자를 치료하는 것 외에도 폴은 다양한 일을 해 나갔어. 1983년부터 1990년까지 아이티에서 자신이 보고 겪은 일을 책으로 발간하기도 했지.《에이즈와 비난 : 아이티와 비난의 지리학》은 아이티와 의학대학원을 오가며 외국인 폴로 지내던 시기에 쓴 거야. 폴은 1990년 봄에 의학과 의료인류학 박사 과정을 동시에 마치는데, 이때 제출한 의료인류학 박사 학위 논문을 책으로 묶은 거지.

제목에서 알겠지만 이 책은 에이즈에 대한 이야기야. 폴이 에이즈라는 질병이 처음으로 발견됐다는 소식을 접했을 때는 1983년

12월 의학대학원에 면접을 보러 갔을 때라고 해. 당시 에이즈는 미국 사회에서 큰 문제가 아니었어. 시간이 조금 흘러 아이티에서는 1985년에 에이즈 환자가 발견되었지. 폴이 직접 아이티에서 에이즈 환자를 본 것은 그로부터 1년 후였는데, 아이티 캉주에서 어떻게 에이즈라는 질병이 확산됐는지 실제 두 눈으로 확인할 수 있었어. 그가 보기에 아이티 인들은 철저하게 에이즈 질병의 피해자였어. 그런데 이상하게도 미국에서는 아이티를 에이즈 확산의 주범으로 몰았지. 비난의 화살이 온통 가난하고 힘없는 아이티 인들에게 쏟아진 거야. 이러한 상황이 폴로 하여금 이 책을 쓰게 된 결정적 계기가 되었어.

당시 미국에서 퍼지고 있던 에이즈 괴담은 이랬어. 미국에 에이즈가 확산된 이유는 인간 면역 결핍 바이러스인 HIV가 아프리카에서 아이티로 옮겨 왔고, 이어서 아이티에서 미국으로 전파되었다는 거였지. 심지어는 아이티가 에이즈 발생지라고까지 했어. 그 비난의 근거로 아이티의 토속 신앙인 부두교를 들었지. 부두교는 사제가 동물의 피를 먹고 남자아이들과 부적절한 육체관계를 맺는 관습이 있는데, 이것이 에이즈의 발생 및 확산 원인이라고 비난한 거야.

당시 미국의 질병 관리 본부는 에이즈의 주요 위험 인자를 네 가지 꼽았는데, 동성애자, 혈우병 환자, 헤로인 마약 사용자 그리고 아이티 인이었지. 현지에서 직접 에이즈 환자를 경험한 폴로서는 무척 화가 나는 일이었어. 폴은 그 주장이 잘못됐다는 걸 보여주려고 현지 조사 결과는 물론이고, 역사, 의학, 경제학 등 모든 근거 자료를 모아서 책을 펴낸 거야. 폴은 미국에 만연된 생각과 정반대의 주장을 펼쳤어. 오히려 미국인, 캐나다 인, 아이티 계 미국인이 아이티로 성매매 관광을 오면서 HIV가 전염되었다는 해

여기서 잠깐

에이즈는 어떤 질병일까?

에이즈는 Acquired Immune Deficiency Syndrome의 줄임말로 우리말로는 '후천성 면역 결핍 증후군'이라고 해. 이 질병은 '인간 면역 결핍 바이러스HIV'에 감염되어 발병하는 전염병이란다. 에이즈는 HIV에 감염된 환자가 실제로 증상이 발생했을 때 쓰는 말이야. 증상이 발생하지 않고 감염만 된 상태는 'HIV 감염인'이라고 부르고 에이즈 환자라고 하진 않아. 에이즈 환자는 점차 신체의 면역력이 감소하여 여러 가지 질병으로 고통 받고, 최악의 경우 사망에 이르기도 해. 1980년대 초반 에이즈가 밝혀지기 시작했을 때는 불치의 전염병으로 인식되고, 주로 동성애자, 마약 중독자 사이에서 퍼지는 성병의 하나로 오해받았어. 이유는 실제 감염자가 이런 사람 중에서 많이 발생해서야. 혈액이나 정액을 통해 주로 감염이 일어나서 그런 오해를 받은 거지. 현재 에이즈는 불치병이 아니고 고혈압, 당뇨병과 같은 만성적인 질환으로 간주하고 있어. 즉, 장기적인 약물 치료로 질병의 경과를 늦추고 생존 기간을 연장할 수 있지. 심지어는 2010년에 완치된 사례도 발표되었고, 2015년에는 에이즈를 예방할 수 있는 약까지 보고되었어.

석을 내놓았지.

아이티 캉주의 에이즈 환자 아세피 이야기

폴은 줄곧 아이티의 에이즈 문제에 대해서 이야기했어. 폴의 에이즈에 대한 분석은 단순히 몇몇 환자의 개인적인 삶에 대한 설명에 그치는 것이 아니라, 이들을 둘러싼 역사, 사회, 경제, 정치, 문화에 이르는 폭넓은 이해를 바탕으로 했어. 폴의 생각은 아래처럼 단호했지.

"에이즈라는 전염병은 본질적으로 국가의 경계를 넘어선 것이다. 이것은 아이티의 부두교와 밀접히 연결되어 있는 것이 아니다. 오히려 아이티와 미국 사이에 존재하는 심각한 불평등으로 인해 발생한 것이다."*

"아이티 에이즈 여성의 사례는 개인적인 사건이나 특이한 정신과적 사례가 아니다. 특정한 문화나 언어나 인종의 이야기도 아니다. 이들의 이야기는 불평등한 사회의 사다리에서 가장 아래 칸에 놓인다는 것이 어떤 것인지를 보여 주는 사례들이다."†

폴은 1980년 후반에 들어서면서 캉주 진료소에서 이상한 현상을 목격해. 인구가 많은 도시에서 주로 발생한다고 생각했던 에이즈가 캉주라는 가난한 시골 마을에서 급격히 증가한 거야. 그것도 젊은 여성에게. 당시까지만 해도 남성 동성연애자의 질병이라고만 알려져 있던 에이즈가 젊은 여성을 중심으로 급증한 것이 이해하기 어려웠고, 또 의사로서 걱정이 앞섰지. 폴은 현지 조사를 통해서 그 이유를 알게 되었어.

1992년 4월 아세피라는 20대 중반의 젊은 아이티 여성이 에이즈로 인해 사망했어. 그녀는 폴이 돌보는 환자였단다. 아세피의 길지 않은 삶은 에이즈라는 질병이 어떻게 아이티 시골까지 확산되었는지를 잘 설명해 주는 대표적인 예야. 그녀의 죽음 뒤엔 극심한 가난이 있었고, 그 가난 뒤에는 오랫동안 지속된 아이티의 군부 독재가 있었어. 불안정한 정치 상황은 지역 군인의 난립을 가져왔고, 여기에 미국 정부와 기업의 착취가 혼란스럽게 뒤섞여 있었지.

아세피가 에이즈에 감염된 가장 직접적인 원인은 펠리그르 댐 건설이었어. 1956년에 댐을 건설하면서 아르티보니트 강 주변에서 농사를 짓던 아세피의 부모가 집과 농지를 잃고 돌투성이의 산꼭대기로 쫓겨났지. 아세피 가족은 너무나 가난했어. 착하고 아름다운 미모를 지녔던 아세피는 선택의 여지없이 이미 결혼한 군인의 애인으로 전락했지. 수개월 뒤 그 군인은 에이즈로 의심되는 질병으로 사망했는데, 아마도 이때 아세피도 HIV에 감염되었을 가능성이 커.

아이티에서 의사로서의 삶을 찾다

이후 그녀는 돈을 벌기 위해 도시의 중산층 가정에서 하인으로 일했어. 그러다가 버스 기사인 젊은 아이티 남자를 만나 결혼을 약속하고 지내던 중 임신을 하게 됐지. 남자 친구는 그녀가 임신한 사실을 알자 떠나 버렸어. 아세피는 1990년에 딸아이를 낳고 어렵게 키웠지만, 결국 에이즈가 발병해 스물일곱의 나이로 죽고 말았어. 그녀의 딸은 안타깝게도 HIV에 감염된 상태였지. 불행히도 이것으로 끝이 아니었어. 아세피가 처음 만났던 군인과 그의 아내와 5명의 자식 중 2명이 HIV에 감염된 상태였고, 그의 두 번째 애인과 그녀가 낳은 2명의 자녀 모두 HIV에 감염되었어. 젊은 버스 운전기사는 감염 여부가 확인되지 않았지만, 아세피와 헤어진 후 다수의 여성과 만나고 다녔을 거야. 이렇게 아세피라는 한 명의 아이티 여성의 삶만 보더라도 최소 9명의 HIV 감염자가 발생한 거야.

폴은 아세피의 사례를 통해 아이티에서의 에이즈 발생 원인이 부두교도, 동성연애도 아니라는 사실을 잘 보여 줬어. 오히려 수몰민의 삶을 전혀 고려하지 않고 몇몇 소수 기업의 이득을 위해 시행한 댐 건설을 에이즈의 발생 원인으로 지목했지. 미국은 아이티의 독재자를 후원하고 댐을 건설해서 미국인 소유의 대규모 농장에 물을 공급하고, 아이티 상류층 및 외국인 소유의 조립 공장에 전기를 공급했어.

결과적으로 정치적 권력을 가진 자들과 경제적 부를 소유한 자들의 탐욕으로 인해 아이티 시골 마을의 여성이 에이즈라는 질병에 노출된 거야. 가난한 집에 아세피처럼 예쁜 여성으로 태어난 것은 그 자체로 비극이었지.

폴은 '내가 정말 알아야 할 모든 것은 아이티에서 배웠다.'라는 제목의 책을 써 보고 싶다고 할 정도로 아이티에 엄청난 빚을 졌다고 이야기해. 비로소 의학대학원을 졸업한 폴은 아이티의 실상을 세상에 알림으로써 의사 인류학자로서 자신의 목소리를 내기 시작했어.

아이티에서 의사로서의 삶을 찾다

건강의 동반자 파트너스 인 헬스

현재 파트너스 인 헬스www.pih.org는 아이티를 비롯한 전 세계 20여 개 나라에서 활발하게 활동 중이야. 가난한 사람들이 건강을 관리할 수 있도록 우선적인 도움을 주는 것이 파트너스 인 헬스의 사명이야. 이들이 추구하는 네 가지 원칙은 다음과 같아. "우리는 간다(we go). 우리는 가정방문을 한다(we make house calls). 우리는 보건 시스템을 확립한다(we build health systems). 우리는 곁에 머무른다(we stay)."

이들은 오랜 시간 현지 자매단체와의 협력 관계를 확립함으로써 두 가지 목적을 성취하려고 노력하고 있어. 하나는 현대 의학의 혜택을 가장 필요로 하는 사람들에게 전달하는 것이고, 또 다른 하나는 그들이 절망에 빠지지 않도록 돕는 것이지. 그러기 위해서 세계적인 의료 기관 및 학술 단체의 자원을 사용하고, 세계에서 가장 가난하고 병든 지역의 생생한 현장의 목소리에 늘 귀를 기울이고 있어. 만일 환자들이 아픈데도 치료를 받지 못할 때에는 보건 전문가, 학자, 활동가로 구성된 팀이 그들을 회복시키기 위해서 어떠한 일이라도 할 것을 다짐하지. 마치 우리 자신이 또는 우리 가족 중 한 명이 아픈 것처럼 말이야.

파트너스 인 헬스는 동반자 정신을 추구하겠다는 다짐 아래 탄생했어. 동반자 정신은 '원조'라는 방식에 들어 있는 일시적이고 일방적인 성격을 거부해. 그것은 끝이 정해져 있지 않은 헌신이고 가장 이상적인 파트너십을 의미하지. 그래서 단체의 이름에도 파트너란 단어가 들어가 있는 거란다.

아이티 대지진 후 한 가족이 포르토프랭스를
기반으로 둔 파트너스 인 헬스의
한 클리닉에서 치료를 받고 있어.

파트너스 인 헬스는 지난 20년 동안 아이티, 페루, 러시아, 르완다, 레소토, 말라위 등에서 결핵 및 에이즈 환자를 치료해 왔어. 그와 동시에 병원과 의료 시설을 짓고, 지역 사회 보건 인력을 훈련시키고 고용하는 등 사회 경제적 지원을 병행하면서 포괄적인 사업을 펼치고 있지.

2010년 파트너스 인 헬스는 강력한 대지진이 발생한 아이티에서 응급 구조 활동을 벌였고, 공중 보건 시스템 강화 계획에도 참여했어. 2011년에는 르완다 정부와 함께 부타로Butaro 지역에 수련병원을 개설함으로써 아프리카 동부 지역 전체의 의학 교육 및 양질의 의료 서비스를 제공할 수 있도록 했지.

빈곤과 전염병을 비롯해 우리 시대의 중대한 문제를 파트너십의 힘을 이용해 해결해 나갈 수 있다고 이야기하는 파트너스 인 헬스의 앞으로의 행보를 주목해 보자.

아이티에서 의사로서의 삶을 찾다

3

Paul Farmer

청진기와 펜으로
구조적 폭력에 맞서다

아이티에서 폴의 시련

자신의 환자를 위해, 그중에서도 가장 아프고 약한 사람들의
생존과 존엄을 위해 싸워야 합니다. 그것이 우리의 운명입니다.

2003년 하버드 의학대학원 졸업 기념행사

뒤발리에 부자의 퇴진, 새로운 군부 세력의 등장, 아리스티드 신부님의 대
통령 당선, 또 다른 군부 세력의 쿠데타. 1990년대 아이티는 그야말로 혼
돈 그 자체였어. 폴의 의료 활동에도 당연히 제동이 걸렸고, 입국 금지 리
스트 인물에도 올랐지. 그렇지만 폴은 좌절하지 않고, 시련에 맞서 싸웠고
다시 아이티로 돌아왔어.

아아티의 정치적 상황이 폴의 발목을 잡다

1990년 폴은 의학대학원을 졸업했어. 그와 동시에 의료인류학 박사 학위도 받았지. 여러 교수의 총애를 한 몸에 받으며 우수한 성적으로 학교를 졸업한 폴은 하버드대학 소속의 일류 병원인 브리엄여성병원Brigham and Woman's Hospital에서 레지던트 생활을 시작해. 수련 기간 동안에도 병원의 공식적인 허가를 얻어 병원과 아이티를 오가며 생활했어.

졸업을 했으니 이제 학생이 아닌 공식적인 의사 신분으로 아이티에서 진료를 했지. 하지만 너희도 잘 알다시피 폴은 이미 6년 전부터 아이티 캉주에서 진료 봉사를 해 왔고, 그 덕분에 한 명의 의사가 평생을 거쳐도 접하기 힘든 질병을 모두 겪은 상태였어. 불과 서른한 살에 그런 경험을 쌓을 수 있는 의사는 몇 되지 않을 거야.

어디 그뿐인가? 아이티 시골 마을에 학교 및 진료소를 짓고, 기금 마련 및 자선 단체를 설립했고, 각종 보건 실태 조사 및 보건 시스템을 구축하는 등 여러 영역에서 다양한 경험을 했지. 이런 그이기에 브리엄여성병원은 어떻게 보면 조금은 답답한 공간이었을지도 모르겠다.

어쨌든 이렇게 자신의 계획을 거침없이 실행해 나가던 폴에게

청진기와 펜으로 구조적 폭력에 맞서다

도 시련이 찾아왔지. 아이티의 정치적 상황이 그를 옴짝달싹 못하게 만든 거야. 1986년 아버지에 이어 독재를 일삼던 장 클로드 뒤발리에가 국민의 반발로 추방당한 뒤에도 아이티는 민주적 절차에 의해서 국가가 운영되지 못했어. 오히려 이전과 전혀 다를 것 없는 또 다른 군부 세력이 아이티를 통치했지.

당시 폴은 공식적인 문서를 조사할 기회가 있었고, 아이티의 군부가 미국의 지원을 받고 있다는 사실을 알게 됐어. 폴이 보기에 아이티 인들은 강대국과 탐욕스런 권력가에 의해 끊임없이 수탈당하며 고통 받아 왔어. 폴의 고국인 미국도 예외는 아니었지. 권력가는 잔인한 군인을 앞세워 선량한 시민을 무력으로 다스렸어.

그렇다고 해서 아이티 인들이 그 상황을 조용히 지켜만 본 건 아니야. 농민과 도시 빈민을 주축으로 아이티 곳곳에서 시위가 끊이지 않았지. 독재 정권 시절 자신들을 괴롭히고 암살까지 서슴지 않던 군인을 공개 비난하고 처형하는 일이 벌어지기도 했어. 특히 주민들을 엄청난 공포에 떨게 했던 뒤발리에 부자의 사적인 준군사 조직인 통통 마쿠테tontons ma-coutes 소속 군인들이 주된 공격의 대상이었어. 아이티는 혼돈과 공포, 그리고 가난과 고통의 연속이었지. 군부들은 때로는 병원까지 진입하여 치료 중인 환자를 처형하기도 했어. 폴은 누구의 편이었을까? 당연히 탄압받는 시민의 편이었지. 그것도 매우 열렬하게.

'통통 마쿠테'의 실제 모습이야.
총과 곤봉을 들고 있는 군사 옆에 두려움에 가득 찬 눈으로
이들을 바라보는 아이티 여성이 보이니?

1990년 말 아이티의 정치적 상황은 더욱 불안정해졌지. 이유는 곧 있을 대통령 선거 때문이었어. 군부 세력은 이 선거가 민주적으로 이루어지기를 원치 않았지. 이들의 만행은 폴에게까지 영향을 끼쳤어. 폴이 미국에서 아이티로 들어올 때면 수차례씩 군인의 검문을 받아야만 했고, 이때마다 뇌물을 주어야만 겨우 통과할 수 있었어. 심지어는 폴이 미국으로부터 가지고 온 의료 기기를 빼앗기도 했지. 그런데 이건 약과에 불과해. 섬뜩한 협박 전화까지 받았으니 말이야.

"조만간 너를 네 할머니 시신 옆에 함께 묻어 버릴 게다."*

군부 세력은 왜 이토록 폴을 괴롭혔을까? 우선 폴이 치료하던 환자가 군인에게 끌려가 감옥에 갇힌 적이 있었는데, 폴이 감옥까지 찾아가 환자의 석방을 주장했어. 아마도 그런 모습이 군부 세력에게 좋게 보이지 않았을 거야. 하지만 폴이 생각하기에 가장 큰 이유는 다른 데 있었어. 자신이 장-베르트랑 아리스티드 신부님Father Jean Bertrand Aristide과 친하다는 사실이었지. 신부님은 1990년 12월에 치러진 대통령 선거에서 시민의 압도적인 지지를 받아 당선된 첫 번째 민주 대통령이야. 군부 세력은 어떻게 해서든 신부님의 당선을 막아야 했고, 그와 친분이 두터운 폴을 달갑게 보지 않았을 거야.

아리스티드 신부님과의 소중한 인연

폴이 처음으로 아리스티드 신부님을 알게 된 것은 1986년 한 라디오 방송이었지. 폴은 방송을 듣자마자 신부님이 있는 포르토프랭스의 생 장 보스코 성당으로 달려갔어. 당시 아이티는 뒤발리에 부자의 독재 정치에 신물이 나 있었고, 민주적인 세상을 요구하는 시위가 곳곳에서 일어났지. 특히 아이티의 시골 마을과 도시 빈민가에 있던 작은 성당이 시위의 중심에 있었고, 신부님이 가장 주도적인 역할을 하고 있었어. 신부님의 연설은 아이티에 꼭 필요한 이야기로 가득했지.

"사람들은 복음서를 읽지만 그것을 다른 장소와 시대에 관한 것으로 여기죠. 하지만 거기에 적힌 고통은 바로 지금 여기에 존재합니다. 가난한 자들을 억압하고, 약자를 학대하고, 그렇지만 옳은 것을 위해 싸워 결국 구원을 얻고. 이만큼 우리의 소중한 나라 아이티와 연관된 이야기가 어디 있겠습니까?"*

생각이 비슷했던 폴과 아리스티드 신부님은 빠른 속도로 가까워졌어. 하지만 당시만 해도 신부님과의 관계가 자신에게 어떠한 영향을 끼칠지 전혀 예상하지 못했지. 더더욱 신부님이 대통령이 될 거라고는 생각지 못했어. 신부님은 군부 세력과 그들을 지지하는 사람들로부터 끊임없이 암살 협박을 받았어. 실제로 신부님이

청진기와 펜으로 구조적 폭력에 맞서다

1994년 10월 14일 미국 백악관의 대통령 집무실에서
클린턴 대통령과 악수를 하는 아리스티드 대통령의 모습이야.

계시던 성당이 총격을 당해 여러 명의 신도가 사망하기도 했어. 폭탄 공격도 이어졌지. 하지만 신부님이 이렇게 극단적인 위험에 처할수록 아이티 시민의 지지는 더욱 높아만 갔지. 그와 동시에 아이티를 오가던 폴에게도 점차 군인의 횡포가 심해졌어. 그리고 신부님이 대통령 선거에 출마한다는 소식을 접했지.

처음에 폴은 신부님이 선거에 나간다는 게 믿기지 않았지만, 이내 폴도 이것이 아이티가 변화의 계기를 만들 수 있는 마지막 기회라고 생각했어. 그는 신부님을 열렬히 응원했고, 신부님은 선거에서 무려 67퍼센트의 압도적인 지지를 얻어 대통령에 당선됐지. 폴은 너무나 기뻤고, 한 매체에 이렇게 기고하기도 했어.

"이제 아이티에는 전 세계에서 가장 높은 지지율로 당선된 민주적 대통령이 있다. 해방신학을 확고히 믿는 분이고, 아이티를 '가난하지만 인격이 존중받는' 나라로 발전시키겠다고 약속했다."[*]

폴은 이날의 승리를 자신의 삶에서 가장 감동적인 장면으로 기억하고 있지. 이것은 아이티 농민과 빈민이 군인의 폭력과 살해의 위협을 무릅쓰고 투표를 통해 얻어 낸 소중한 승리였거든. 하지만 폴의 기쁨은 이내 사라지고 말았어.

1991년 9월 29일은 폴에게 평생토록 잊을 수 없는 날이야. 아리스티드 대통령이 군부 세력이 일으킨 쿠데타로 임기를 1년도 채우지 못하고 대통령 자리에서 쫓겨났거든. 이 일이 있은 후 폴은 수개월간 아이티에 들어갈 수 없었어. 입국 금지 인물 리스트에 폴의 이름이 올라가 있었기 때문이야.

아리스티드 대통령이 없는 아이티는 희망을 잃고 무너져 내렸어. 지금도 아이티에 산에 가면 '티티드Titid'라는 글자가 쓰인 나무가 드문드문 남아 있는데, 이건 아리스티드 대통령의 별명으로 아이티의 가난한 농민에게 희망을 상징하는 부적과도 같았어. 폴에게도 티티드는 똑같은 의미였어. 폴의 아이티 진료실에는 폴과 폴이 치료한 어린 결핵 환자, 그리고 아리스티드 대통령이 함께 찍은 사진이 걸려 있어. 그는 폴에게 너무나도 큰 존재였단다.

다시 돌아온 아이티,
그리고 흙먼지 속에서 죽은 슈슈

아리스티드 대통령을 몰아낸 후 군인의 횡포는 더 심해졌지. 1992년 초 폴은 라퐁탕 신부님의 도움으로 다시 아이티에 발을 들여놓았어. 그곳은 이제 그 누구에게도 안전하지 않았지. 폴은 시시때때로 검문을 당해야 했고, 군인의 시비는 날로 거칠어져만 갔어. 그러나 폴은 절대 도망치지 않았어. 그는 아이티 중부 고원지대에서 가장 유능한 의사였고, 제대로 된 치료가 가능한 유일한 의료 시설 책임자였으니까.

그렇지만 포르토프랭스에 있는 장미 라장테 사무실이 총격을 당했을 때는 폴도 두려움에 떨었단다. 폴은 한동안 군인이 언제 들이닥칠지 몰라 옷을 그대로 입고 신발을 신은 채 잠자리에 들었다고 해. 한 번은 이런 일도 있었어. 캉주에 있는 진료소로 가던 중 폴은 검문소 군인으로부터 말도 안 되는 명령을 받았어. "아이티 군사 정권이여! 영원하라!" 이걸 외치라는 거야. 폴은 짧고 단호하게 거절했어. 군인은 곧바로 총을 겨누었고, 폴은 순순히 따를 수밖에 없었어.

　　군인의 무자비한 횡포는 폴에게 절대로 잊을 수 없는 기억을 남겼어. 그들이 얼마나 잔인하게 무고한 시민을 폭행했는지 두 눈으로 목격하고 말았거든. 바로 20대 중반의 젊은 아이티 남성 슈슈의 이야기야. 폴이 아이티로 돌아온 후 며칠 지나지 않은 때였어. 슈슈의 부인이 다급한 목소리로 폴의 진료소를 찾아왔지. 그녀는 울면서 남편이 군인들에게 심하게 폭행당해 죽어 가고 있다고 말했어. 폴은 반신반의하면서 그녀의 뒤를 따라 갔지. 폴은 곧바로 그녀의 말이 사실이란 걸 알았어.

　　부인에 따르면 슈슈는 농사를 짓고 교회에 다니는 매우 평범한 시골의 농부였다고 해. 때때로 슈슈는 라디오에서 흘러나오는 군부 독재의 횡포에 대해 듣곤 했지. 군부가 쿠데타를 일으켜 아리스티드 대통령이 물러난 이후의 어느 날이었어. 슈슈는 집으로 가

청진기와 펜으로 구조적 폭력에 맞서다

는 트럭에서 울퉁불퉁한 도로에 대해 혼잣말로 약간의 불평을 늘어놓았어. 만일 상황이 제대로 돌아갔더라면, 이 도로도 벌써 고쳐졌을 거라고 말이야.*

슈슈의 작은 불평은 트럭에 타고 있던 사복 군인의 귀에 들어갔고, 그는 다음 검문소에서 근처 군부대로 끌려가 마구잡이로 구타당했어. 이후 그의 이름은 군부의 블랙리스트에 올라갔고, 그가 여동생을 만나러 마을을 벗어난 어느 날 아무런 이유 없이 인근 검문소로 붙잡혀 가 고문을 당했지.

"근처에 사는 주민들이 그의 비명 소리가 너무 끔찍했다고 그러더군요. 얼마나 심했는지 아이들이 너무나도 무서워 울음을 터뜨릴 정도였다고 해요."*

슈슈는 하수구에 버려진 채 발견됐어. 한밤중에 그의 친척들이 슈슈를 집으로 데려왔고, 다음 날 아침 폴이 죽어 가는 슈슈를 진찰했지. 정말 어이없게도 군부는 슈슈가 바나나를 훔쳐서 그러한 일이 벌어졌다고 거짓 발표를 했어. 그 시절에는 이렇게 터무니없는 거짓말로 무고한 시민이 수도 없이 목숨을 잃었지. 폴 앞에 누워 있는 젊은 아이티 청년의 모습은 시체와 다를 바 없었어. 얼굴과 목, 몸통과 엉덩이가 멍들고 갈기갈기 찢긴 상태였지. 슈슈는 계속해서 피를 토하며 고통스러워하다 3일 만에 죽고 말았어.

폴은 슈슈의 처참한 모습을 너무도 생생히 머릿속에 새겨 버렸고, 이로 인해 고통스러운 나날을 보냈어. 의식적으로라도 기억을 억누를 수밖에 없었지.

단 열흘 만에 두 번째 책을 완성하다

폴은 아이티 인들을 위해서 무엇이든 하고 싶었어. 자신이 아무리 뛰어난 의사여도 슈슈와 같이 무고한 아이티 시민에게 가해지는 군인의 무차별적인 공격을 막을 수는 없었지. 그는 자신이 할 수 있는 모든 방도를 찾았어. 그중 하나가 아이티의 참혹한 현실을 해외로 알리는 일이었지. 그리고 할 수만 있다면 쿠데타로 추방당한 아리스티드 대통령이 아이티로 돌아올 수 있도록 돕고 싶었어.

폴은 점점 마음이 다급해졌어. 친한 아이티 친구들이 하나둘씩 살해당했다는 소식마저 전해졌거든. 어느 날 폴은 동료인 오필리아에게 돈을 빌려 캐나다 퀘벡으로 떠났지. 그곳에 머물며 열흘만에 약 220쪽에 달하는 글을 썼어. 이것이 바로 1994년 초에 출간된 《아이티의 효용 The Uses of Haiti》이란 책이야. 폴의 저서 중 가장 열정적인 책으로 평가받고 있는 이 책은 자신의 고국인 미국이 어떻게 아이티를 경제적으로 착취하고 정치적으로 이용했는지를 적나라하게 파헤쳤어. 폴은 미국 의회가 아이티의 군부 세력이 아리스티드 대통령을 쫓아내는 데 재정적인 도움을 주었다는 사실을 폭로했어. 미국 정부는 언론을 이용해 대외적으로는 아이티 군부의 폭력적인 행동을 비난하는 척하면서 실제로는 이들이 계속해서 정권을 유지할 수 있게 몰래 도와주었지. 언론은 아리스티드 대통령을 비방하고 그가 거짓을 일삼고 있다고 보도했어.

아이티 군부 세력에게 폴의 이러한 행동은 좋게 보일 리 없었어. 그는 이제 아무리 어마어마한 뇌물을 준다고 해도 아이티에 입국할 수 없는 추방자 명단에 이름이 올라갔어. 폴은 완전히 낙담하고 말았지.

그런 중에 또 한 명의 소중한 아이티 친구가 죽었다는 소식을 접했어. 폴은 정신을 잃을 때까지 술을 마시며 괴로워했어. 마치 넋이 나간 사람 같았지. 그는 시간이 허락하는 대로 미국 전역을 돌며 아이티의 비참한 현실에 대해 알렸어. 하지만 미국의 어두운 역사를 들으려 하는 자국민은 그렇게 많지 않았어. 특히 미군의 고위 지도자들은 폴에게 고함을 지르기도 하고, 정치적으로 사상이 불순하다고 모욕을 주기도 했지. 그때마다 폴은 생각했어.

"제길! 이런 강연이 무슨 쓸모란 말이야! 빨리 아이티의 진료소로 돌아가고 싶어."*

그즈음 의학계에서는 물론 인류학계에서도 폴의 이름이 알려지기 시작했어. 파트너스 인 헬스의 설립, 아이티에서의 헌신적

INTRODUCTION BY NOAM CHOMSKY

THE USES
OF
HAITI

WITH A NEW EPILOGUE BY THE AUTHOR
THIRD EDITION

PAUL FARMER

FOREWORD BY JONATHAN KOZOL
AFTERWORD BY LARRY BIRNS AND JESSICA LEIGHT

《아이티의 효용》은 정치와 건강의 관점에서
아이티의 역사를 아주 상세하게 알려 준다.

인 의료 활동, 두 권의 인류학 서적 발간 등 30대 중반의 젊은 의사가 해낸 일이라고는 도저히 믿기지 않았지. 이런 노력으로 그는 1993년 여름, 맥아더상을 받았어. 맥아더상은 창의적이고 잠재력이 우수한 사람에게 주어진다고 해. 그렇지만 정작 당사자인 폴은 그 소식을 듣고도 전혀 기쁘지 않았어. 당시 아이티의 상황은 최악에 가까웠거든.

"대단하군, 대단해. 흥. 맥아더상을 다 받고. 참 잘한 짓이다. 아이티 인들이 저렇게 힘들어하고 있는데 그 덕에 나만 승승장구하는구나."*

다행히 1993년에 빌 클린턴이 미국 대통령으로 취임하면서 조금씩 긍정적인 기류가 흐르기 시작했어. 클린턴 행정부는 이전 조지 H.W. 부시 대통령보다 상대적으로 아이티의 평화로운 민주주의의 정착에 호의적이었거든. 항간에는 미국이 새로운 병력을 파견해서 아리스티드 대통령을 복권시킬 수 있다는 소문이 떠돌기도 했어. 소문은 사실로 나타났고, 1994년 10월 드디어 아리스티드 대통령은 원래 자리로 돌아왔어. 폴 역시 그토록 바라던 아이티로 돌아갈 수 있었지.

페루의 빈민촌으로 뛰어들다

저는 가난한 사람들에게 수준 높은 의학을 전달하는 일에 평생을 바치겠다고 속으로 다짐했습니다. 그 다짐 속에 의료 환경을 개선하고 언제 어디서든 환자들을 돌볼 수 있도록 인력을 양성하는 임무까지 들어 있습니다.

2010년 마이애미 밀러의대 졸업식

아이티의 정치적 상황이 나아지자 폴은 파트너스 인 헬스의 활동 영역을 넓혀 가기 시작했어. 동료인 짐 킴과 함께 페루의 다제내성 결핵 환자의 치료에 뛰어들지. 세계적인 결핵 전문가들에 도전한 폴과 짐의 이야기를 들어 보자.

청진기와 펜으로 구조적 폭력에 맞서다

소시오스 엔 살루의 설립

아리스티드 대통령이 복귀하고 아이티의 정치적 상황은 조금씩 나아졌지. 폴은 나아진 현실에 안주하지 않았어. 치료가 가능한 질병임에도 많은 사람들이 억울하게 죽어 가는 걸 경험해 왔으니까 말이야. 그는 자신이 해야 할 일을, 그리고 자신을 필요로 하는 곳을 끊임없이 찾아 나섰지. 그렇게 폴은 파트너스 인 헬스의 활동 영역을 서서히 넓혀 나갔어.

파트너스 인 헬스가 아이티 다음으로 주목한 곳은 남아메리카 중부 태평양 연안에 있는 나라, 페루야. 1994년 페루의 수도 리마 외곽의 빈민촌 카라바이요Carabayllo에 파트너스 인 헬스는 자매단체 '소시오스 엔 살루Socios En Salud'를 설립해. 각국에 퍼져 있는 자매단체는 모두 파트너스 인 헬스를 뜻하는 현지어를 사용해.

이런 행보는 폴보다는 파트너스 인 헬스의 공동 설립자 중 하나인 짐 킴의 생각이었어. 짐은 폴 곁에서 그의 의료 활동이 원활하게 이뤄지도록 물심양면으로 도왔지. 그 모습을 오랜 시간 지켜보던 짐은 파트너스 인 헬스가 필요한 곳을 스스로 개척해 보고자 했어. 때마침 폴이 의학대학원 시절 친하게 지내던 잭 루신 신부님으로부터 페루에도 파트너스 인 헬스와 같은 단체의 손길이 필요하다는 연락을 받았지.

잭 신부님은 폴이 의학대학원을 다닐 때 하숙을 했던 성당의 신부님이야. 신부님은 1990년 초에 카라바이요의 성당으로 자리를 옮기셨어. 그곳에서 빈민을 위해 일했고, 짐은 신부님을 돕기 위해 소시오스 엔 살루를 설립했지.

하지만 페루의 현지인들은 비협조적이었어. 더구나 당시 페루는 세계보건기구World Health Organization, WHO의 지원으로 전국민결핵퇴치사업을 진행하고 있었기에 그들이 할 수 있는 일이 뚜렷하지 않았지. 그래서인지 폴 역시 짐에게 많은 것을 일임하고 아이티에서의 진료 활동에 전념했어. 하지만 그로부터 1년이 지난 1995년 중순 모든 것이 완전히 변해 버렸어. 잭 신부님이 다제내성 결핵multidrug-resistant tuberculosis에 걸려 돌아가셨던 거야.

폴은 잭 신부님의 장례식장에서 눈물을 멈출 수가 없었어. 자신이 아이티에 열중하며 페루에 관심을 갖지 못한 사이 존경하던 신부님의 죽음을 막지 못했으니까. 잭 신부님은 1995년 5월 악화된 몸으로 폴이 일하는 보스턴의 브리엄병원으로 오셨어. 폴이 서둘러 치료를 시작했지만 한 달 만에 돌아가시고 말았지. 폴은 페루에 자신이 생각지 못한 엄청난 재앙이 번지고 있다는 것을 깨달았어. 잭 신부님의 생명을 앗아간 강력한 다제내성 결핵균이 또 다른 생명을 앗아 가고 있었으니까.

다제내성 결핵과의 싸움을 시작하다

1996년 8월, 폴은 페루에서 본격적으로 다제내성 결핵 환자를 치료하기 시작했어. 세계 최고의 결핵 전문가 폴이 두 팔을 걷어붙이고 나섰으니, 치료가 수월하게 이루어졌겠지? 아니, 상황은 전혀 그렇지 않았단다. 일단 결핵 환자가 얼마나 발생했는지 그 규모를 파악하는 데서부터 난관에 부딪혔어. 폴을 대신해 조사를 맡았던 소시오스 엔 살루의 담당자는 이렇게 말했지.

여기서 잠깐

다제내성 결핵이란?

결핵은 결핵균이 폐에 침투하면서 발생하는 감염성 폐 질환이야. 우리나라는 아시아 국가 중에서도 많은 폐결핵 환자를 보유하고 있지. 결핵균은 폐 속 깊숙이 자리 잡고 있어서 치료가 쉽지 않아. 결핵을 치료하려면 서너 종류의 약을 약 6개월(길게는 9개월) 동안 복용해야만 해. 그런데 여기서 문제가 되는 것은 처방받은 약을 정해진 기간까지 꾸준히 복용하지 않으면, 오히려 살아남은 결핵균이 1차 처방된 약물에 견딜 수 있는 힘이 생긴다는 거야. 이것을 '약제 내성 결핵' 혹은 '다제내성 결핵'이라 부르지. 이 경우에는 1차 치료에 사용한 약은 무용지물이 되고, 2차 치료제를 사용해야만 하는데 문제는 이 약물이 엄청 비싸다는 사실이야. 그래서 다제내성 결핵은 대부분 치료를 중간에 중단할 수밖에 없는 가난한 사람들에게 많이 발생하지. 특히 에이즈로 면역력이 떨어진 환자들은 결핵에 감염될 확률이 더욱 높아.

"결핵약이 효과가 없는 사례를 물었는데, 좀 머뭇거리더니 모두들 하나같이 없다고만 했어요."*

페루 정부는 무언가 숨기는 듯 그냥 넘어가려는 분위기였다고 해. 아마도 페루 정부가 1991년부터 어렵사리 시행한 전국민결핵퇴치사업이 세계보건기구 등에서 우수 사례로 인정받고 있던 터라 그랬을 거라 예상했지. 폴과 동료들은 직접 나서서 다제내성결핵균이 얼마나 빠른 속도로 확산되고 있는지 파악했어. 우선 감염이 의심되는 환자 10명의 결핵 샘플, 주로 환자가 기침할 때 나오는 가래를 채취해서 미국 메사추세츠주립실험실로 보내 검사를 시행했지. 예상대로 결과는 매우 좋지 않았어.

가장 강력한 결핵약 다섯 가지에 모두 내성이 생겼던 거야. 폴은 이해하기 어려웠어. 환자들이 매일 무료로 결핵약을 복용하고 있었기 때문에 더더욱 그랬지. 일반적으로 내성균은 의사가 처방해 주는 약을 환자가 제대로 복용하지 않았을 때 발생하거든. 그런데 이 경우는 정반대였어. 환자가 의사의 처방을 잘 안 따라서가 아니라, 반대로 너무 열심히 따랐기 때문에 이런 결과가 발생한 거야. 문제는 처방 자체에 있었지.

페루의 결핵 처방은 세계보건기구의 권위 있는 DOTS 치료법을 따르고 있었어. 폴은 DOTS 치료법 자체에 의문을 가졌어. 이 치료법은 1차 결핵약으로 치료에 실패하면 또다시 같은 약으로 치료하는 것을 권장하거든. 치료약이 효과가 없을 때는 환자의 결핵균이 현재 처방한 약물 중 일부에 문제가 있다는 것을 의심하고 이를 찾아내서 다른 약물을 처방하는 게 상식이잖아. 세계보건기구의 권고 사항을 너무나도 성실히 따른 페루 의사들은 DOTS의 실패한 치료를 반복함으로써 환자들의 병세를 악화시키고 있는 셈이었어. 애초에 한두 가지 결핵약에 이미 내성이 생긴 환자에게 계속 같은 약을 처방하니까, 점차 네다섯 개 약물에도 버티는 최악의 결핵균이 탄생한 거지.

폴은 이렇게 모순적인 세계보건기구의 결핵 치료 시스템을 파악하고 나서 페루에서 새로운 치료에 들어갔어. 그런데 여기엔 또 다른 문제가 있었지. 하나는 고가인 2차 결핵 치료제를 어떻게 구입할 것인가, 또 다른 하나는 환자를 치료할 수 있는 권한을 부여받는 문제였지. 다행히 치료제 구입 비용은 파트너스 인 헬스의

여기서 잠깐

DOTS란?

DOTS는 Direct Observed Treatment, Short-Course의 줄임말로, 우리말로 번역하면 '단기 직접 복약 확인법'이야. 환자가 약물 처방을 얼마나 잘 지키는지, 실제로 그들이 약물 복용하는 걸 확인하는 방법이지. DOTS 치료법은 매우 효율적이어서 세계보건기구에서 널리 사용하고 있어.

폴 파머, 세상을 고치는 의사가 되어 줘

든든한 후원자인 톰 화이트에게 도움을 받을 수 있었어.

하지만 치료 권한을 부여받는 건 막막하기만 했지. 폴이 아무리 세계적인 결핵 전문가라고 하더라도 미국 의사 면허증으로는 페루에서 활동할 수 없었거든. 그러니 페루의 결핵 치료에 적극적으로 개입하기가 무척 어려웠어. 폴은 고가의 약물을 직접 제공하며 환자를 치료할 수 있도록 요청했어. 그러나 그가 만날 수 있는 환자는 최악의 상태에 도달한 사람들뿐이었어. 죽어 가는 환자를 앞에 두고 체면을 따지고 규정을 앞세우는 현실을 폴은 견디기 힘들었어.

1997년 1월엔 이런 일도 있었지. 다제내성 결핵균에 감염된 것이 확실해 보이는 젊은 페루 청년이 폴을 찾아왔어. 그에게 당장 2차 치료제를 사용해야만 했는데 페루 당국의 허가가 떨어지지 않았어. 폴은 당장 페루의 결핵 관리 담당자에게 항의 편지를 보냈지. 하지만 외국인 의사로서 부절적한 행동이라는 냉랭한 답변만 돌아올 뿐이었어. 아무리 생각해도 돌파구가 없어 보였어. 이때 소시오스 엔 살루의 사무국장 하이메 바요나가 폴에게 말했어.

"만일 폴 당신이 이런 상황을 바꾸고 싶다면, 여기 페루의 결핵 프로그램은 잊어버려요. 당신은 여기가 아니라 더 높은 권력 기관을 찾아가야만 해요."*

폴은 사무국장의 충고를 기꺼이 받아들였어. 아이티에서 폭력적인 정치와 싸웠다면, 이제는 최고의 의학 전문가 집단과 싸워야만 했지. 폴과 동료들은 물러서지 않고 밀고 나갔지.

다제내성 결핵 치료를 위한 전문가들과의 경쟁

눈앞에서 무기력하게 페루의 젊은 결핵 환자를 떠나보낸 지 한 달, 폴에게 좋은 기회가 찾아왔어. 1997년 2월 미국 시카고에서 열린 유명한 결핵 관련 연례회의에 폴이 연사로 초청된 거야. 이것이 어떤 의미냐면, 폴이 페루에서 시행되는 세계보건기구의 결핵 프로그램인 DOTS의 기획자들 앞에 서게 됐다는 얘기야. 그들은 평생을 결핵 치료와 관리에 종사한 세계적인 전문가들이지. 폴은 그들이 자신이 지금 페루에서 시도하고 있는 다제내성 결핵 치료에 대해 어떻게 생각할지 충분히 예상할 수 있었어.

"이름도 들어 보지 못한 30대의 젊은 의사가 큰 그림은 보지 못하고 환자 한 명 한 명의 치료에만 너무 얽매이고 있군."*

폴은 이런 예상을 전적으로 반박할 연설문을 만들었어. '다제내성 결핵에 대한 신화'라는 제목의 연설로 가난한 후진국에서 약값이 비싼 다제내성 결핵을 치료하는 것은 자원 낭비라는 주장을 전적으로 반박하고 나섰지. 조금 더 구체적으로 그 내용을 살펴보면 첫째, 다제내성 결핵을 제대로 치료하지 못해서 발생하는 비용이 훨씬 더 크며, 둘째, 세계보건기구의 DOTS 프로그램만으로 다제 내성 결핵의 확산을 막을 수 없고, 셋째, 다제내성 결핵은 다른 일반 결핵에 비해 전염성이 약하지도 덜 치명적이지도 않다는 것이었지. 폴은 모든 청중을 향해 "멍청한 당신들이 문제를 악화시킨 장본인들이요!"라고 외치는 듯했지. 아니나 다를까 폴의 열정적인 강연이 끝나자 사회자는 "폴 박사의 매우 도발적인 연설이었습니다."* 하고 콕 짚어 말했어. 폴은 연단을 내려오다 말고 다시 올라갔지. "도발적이었다고요?"* 폴은 굉장히 화가 났어. 그에게 죽어 가는 환자를 최선을 다해 치료하는 것은 '비용'의 문제가 아니었으니까.

"제 말은 단지 병든 사람을 치료할 기술이 있다면 그들을 당연히 치료해야 한다는 것입니다."*

의료 정책의 1차적인 목적은 사람을 살리는 것이야. 어떤 사상이나 효과 및 비용, 경제 정책 등과 비교하는 것은 무의미한 일이지. 폴이 중요시한 것은 1차 치료제로 치료하지 못한 환자를 2차 치료제로 치료할 수 있다는 사실이었어. 이처럼 폴에게 치료 비용 문제는 걸림돌이 되지 못했지. 그것을 보여 주는 재미있는 일화가 하나 있어.

폴과 짐이 페루에서 다제내성 결핵 환자를 치료하려고 했을 때 고가의 약을 구매하기가 무척 어려웠어. 그래서 폴이 브리엄병원

청진기와 펜으로 구조적 폭력에 맞서다

에 진료하러 올 때면 병원 약국에 가서 가방 가득히 결핵약을 넣어 가고는 했지. 그렇게 폴이 가져간 약값이 무려 9만 2000달러, 우리나라 돈으로 약 1억 원 정도였다는구나. 당장 약값을 지불하진 못했지만, 죽음을 목전에 둔 환자를 살리기 위해 모든 방법을 총동원한 것이지. 물론 그가 가져간 약값은 톰 화이트가 해결해 줬어.

"허락을 구하기보다는 용서를 구하라!"

폴은 돌아가신 잭 신부님의 말씀을 삶의 제1법칙으로 실천하고 있었던 셈이지.

혼신을 쏟은 폴, 결국 쓰러지다

시카고에서 연설을 할 당시 폴은 몸 상태가 매우 좋지 않았다고 해. 피곤하고, 기운이 없고, 음식 냄새조차 맡기 싫어지고, 결국 폴은 병원에 입원하고 말았어. 병명은 급성 A형 간염으로 A형 간염 바이러스가 음식물을 통해 체내에 들어와서 환자의 간을 공격하는 병이야. 처음에는 감기 증세를 보이다가 점차 식욕이 감소하고, 구역질, 만성 피로 등을 동반하지. 대부분의 급성 A형 간염은 큰 문제없이 회복되지만, 심한 간 손상이 발생한 경우에는 간을 이식해야 하는 상황까지 갈 수가 있어.

폴의 상태는 생각보다 심각했어. 간 이식을 해야 하는 건 아닌지 동료 의사들이 걱정할 정도였거든. 아마도 페루 리마에서 먹은 생선 음식이 원인이었던 것 같아. 당시 폴은 정말 살인적인 스케줄을 소화하고 있었어. 아이티에서의 진료와 보건 사업, 보스턴 브리엄병원에서의 업무, 하버드대학의 강의, 다양한 외부 특별 강연, 그리고 한참 진행 중인 페루에서의 의료 활동까지. 아이티 캉주에서 페루의 진료실까지 다녀오는 데만 22시간이나 걸렸다고 하니 그의 몸 상태가 어느 정도였는지 알 수 있겠지. 폴은 자신이 맡은 일은 절대로 미루지 못하는 성격이야. 몸이 아프더라도 누군가 일을 그만하라고 말릴까 봐 웬만해서는 내색을 안 했지.

다행히 폴은 2주 간의 입원 치료를 마치고 퇴원했어. 그러고 나서 동료인 오필리아의 설득으로 프랑스로 휴가를 떠나지. 이번에 강제 휴식을 맞이한 건 1988년 보스턴에서 교통사고로 무릎이 심하게 다친 후 처음 있는 일이야.

이때 폴은 그의 아내 디디 베르트랑Didi Bertrand과 함께였어. 페루에서 의료 활동을 시작해 한참 정신이 없었을 1996년, 폴은 아이티 캉주의 교장 선생님의 딸 디디 베르트랑과 결혼했어. 캉주에서 결혼식을 했는데, 그곳 주민을 포함해 무려 4,000명의 하객이 모였다고 해. 디디는 캉주에서 가장 아름다운 여성으로 소문이 자자했지. 프랑스에서의 휴식은 폴에게 있어서 정말 몇 년 만에 제대

청진기와 펜으로 구조적 폭력에 맞서다

로 가지는 휴가다운 휴가였어. 폴과 디디는 이곳에서 너무나도 소
중한 딸 캐서린을 얻었지.

휴가에서 돌아온 폴은 다시 페루에서의 의료 활동을 열정적으
로 이어 갔어.

세계보건기구의 결핵 치료를 바꾸다

의사로 일하면서 얻었던 커다란 교훈은 타인과 힘을 합칠 때,

타인과 이어져 있을 때 위대한 일을 할 수 있다는 겁니다.

2011년 조지타운대학교 졸업식

폴이 페루에서 올린 성과는 세계보건기구의 결핵 치료 권고 사항을 바꿔 놓았어. 폴과 동료들에게 넘지 못할 벽은 없었어. 그런데 아이티를 거쳐 페루에서의 의료 활동으로 폴은 한 가지 의문점을 갖게 되었고, 그것을 '구조적 폭력'이라는 용어로 설명하지.

청진기와 펜으로 구조적 폭력에 맞서다

폴과 동료들에게 넘지 못할 벽은 없다

폴이 연설한 내용은 페루의 국가 결핵 퇴치 프로그램 책임자의 귀에도 들어갔다고 해. 이와 더불어 짐과 함께한 다제내성 결핵 환자 치료 사업도 점차 성과를 내기 시작했어. 처음에는 냉랭했던 페루 현지 의사들의 반응도 점차 호의적으로 바뀌었지. 당시는 소아 다제내성 결핵 환자에 대한 치료 기준이 전 세계적으로 전무하던 시절이야. 소아에게 부작용이 강한 결핵약을 하나도 아닌 여러 개를 사용하는 건 매우 어려운 일이었고, 많은 아이들이 안타깝게 약한 번 제대로 써 보지 못하고 엄마 아빠 곁을 떠났어.

그런 때 폴은 페루에서 보기 좋게 치료에 성공했지. 폴은 그동안 자신의 경험을 근거로 약물을 새롭게 조합해서 치료를 시도했어. 페루의 의사들마저도 자신의 아이를 치료해 달라고 요청해 왔지. 페루에서 다제내성 결핵 환자 치료 성과가 어느 정도 쌓이자 세상에 공식적으로 그 결과를 발표하게 되었어.

1998년 4월, 미국 보스턴에서 폴과 짐의 페루 결핵 사업 성과를 발표하는 특별 회의가 개최됐지. 그들은 페루 빈민촌에서 100명가량의 다제내성 결핵 환자를 치료 중이었고, 53명은 2년가량 치료를 지속해 이중 85퍼센트 이상이 완치 단계에 도달했지. 이 수치는 실로 대단한 거야. 미국의 다제내성 결핵 치료 권위자인 마이클 아이즈먼이 최고의 시설에서 고가의 약물을 사용해 결핵 환자를 치료했음에도 완치율은 60퍼센트 수준이었거든.

이날 특별 회의에는 세계보건기구의 결핵 퇴치 프로그램 책임자인 고치 아라타 박사도 참여했지. 그에겐 세계보건기구의 DOTS 프로그램의 결함을 지적하는 폴과 짐의 페루 치료 사업이 좋게 보일 리 없었겠지. 하지만 그도 둘의 놀라운 성과를 인정할 수밖에 없었어. 이날 고치 박사는 다제내성 결핵 환자의 치료에 대한 가이드라인을 포함한 'DOTS 플러스'라는 새로운 용어를 발표했지. 폴과 짐은 너무 기뻤어. 자신들이 그토록 넘을 수 없는 벽이라고 느꼈던 세계보건기구의 치료 권고 사항에 변화를 일으켰으니까 말이야.

빌 게이츠 재단의 후원을 받아 내다

학문적으로 폴의 다제내성 결핵균 치료법이 인정을 받았다 해도 새로운 치료법을 본격적으로 시행하기엔 비용을 어떻게 마련해야 할지에 대한 커다란 문제가 남았어. 페루의 다제내성 결핵 환자 수는 당초 예상했던 것보다 열 배나 많았고, 그 수치도 증가 추세여서 파트너스 인 헬스는 고민에 빠졌지. 전폭적으로 자금을 지원해 주던 톰 화이트는 농담처럼 폴과 동료들이 자신이 죽기도 전에 자신의 전 재산을 다 써 버리지 않을까 하는 이야기를 할 정도였어.

폴과 짐 역시 비용에 대해 고민하지 않을 수 없었지. 그렇지만 그들은 한정된 자원으로 환자를 치료해야 할 경우 비용 효과적이어야만 한다는 세계 보건 의료계의 생각에 크게 반대했어. 폴과 짐은 한정된 자원이란 전제부터 반박하고 나섰지.

"자원은 언제나 부족해요. 문제는 왜 특정한 장소에서만 자원이 그토록 부족하게 되었는지 그 원인을 생각해 보지도 않고 모두 자원이 부족하다고만 해요. 그런데 분명한 건 오늘날 인류는 그 어느 때보다도 자원이 풍족하다는 사실이에요."*

이들은 세계 보건 의료계의 권위 있는 조직들이 비용 효과성cost effectiveness이라는 분석 도구를 불합리한 현실을 합리화하기 위해 함부로 사용하고 있다고 지적했어. 미국처럼 부유한 나라에서 페루와 같은 상황이 발생했다면, 비용을 따지기 전에 모든 방법을 총 동원해서 치료에 나섰을 거야. 그런데 왜 가난한 나라에서는 비용 효과성을 따져 가며 값싼 치료를 해야 하냐고! 폴은 의과대학생들의 수업 시간에 이런 상황을 '돈이 없으면 개똥 같은 약이나 쓰라'는 얘기와 같다고 일갈했어.

폴과 동료들은 가난한 나라의 빈민촌에서도 효과적인 치료가 가능하다는 것을 페루의 사례를 통해서 보여 주었어. 그럼에도 불구하고 이들을 질투하는 이들로부터 비현실적이라는 비판을 받았지. 짐이 2차 결핵약 가격을 90퍼센트 이상 낮출 수 있다고 세계보건기구 결핵 담당자들한테 공언했을 때도 마찬가지였어.

폴과 동료들은 치료 비용 자체를 줄일 방법을 찾고 있었고, 그러던 중 짐이 2차 결핵약 중 하나를 제외하고는 모두 수년 전에 특허 시효가 만료됐다는 사실을 알았어. 짐이 나서서 2차 결핵약을 생산하는 제약 회사와 접촉을 했지. 짐은 박사 과정 중에 우리나라의 제약 업계를 연구했었는데, 그때의 경험으로 약품 가격이 제약 회사에 의해 지나치게 높게 책정된다는 걸 알고 있었거든. 하지만 마음처럼 쉽게 일이 진행되지는 않았어. 그러나 짐은 포기하지 않고 세계보건기구의 핵심 담당자, 국제의료지원협회, 국경없는의사회, 소규모 제약 회사, 학계 원로를 두루 만나 설득했지. 결국 짐은 2000년에 들어 기존 약값의 5퍼센트에 해당하는 가격으로 2차 치료제를 구입할 수 있도록 만들었어. 이제 그 누구도 비용 문제로 가난한 나라에서 다제내성 결핵 환자를 치료한다는 것이 비현실적이라고 말할 수 없게 된 거야.

치료 비용을 많이 낮추긴 했지만 페루의 다제내성 결핵 퇴치 사업을 진행하면서 파트너스 인 헬스의 재정은 거의 바닥이 났어. 재정 관리를 해 오던 오필리아는 이 사실을 폴과 짐에게 알렸지. 이들은 파트너스 인 헬스가 쌓아 온 업적을 알리고, 좀 더 거

청진기와 펜으로 구조적 폭력에 맞서다

시적인 관점에서 단체가 나아갈 길을 새롭게 정비함과 동시에 이들의 사업을 지원해 줄 기부 단체를 찾아다녔지. 그렇게 천문학적인 기부금을 갖고 있는 빌 게이츠 재단과 만나게 되었어. 폴은 빌 게이츠 재단에 약 400만 달러, 우리나라 돈으로는 49억 정도를 요청할 생각이었어. 짐은 그 비용으로는 어림없다며 4,500만 달러를 요청하자고 말했지. 그건 550억 가량 되는 실로 어마어마한 액수야.

2000년 7월 파트너스 인 헬스는 이들이 신청한 거의 대부분의 자금을 빌 게이츠 재단으로부터 받았어. 그 돈은 5년 동안 펼칠 다제내성 결핵과 에이즈 퇴치 사업을 위해서 쓰일 거야. 짐은 한 연설에서 파트너스 인 헬스의 사업에 대해 인상적인 이야기를 남겼는데, 그의 말이 실제로 이뤄진 셈이었지.

"저와 폴은 인류학을 공부했습니다. 유명한 인류학자인 마가렛 미드는 이렇게 말했죠. '뚜렷한 신념을 가진 개인의 능력을 그들이 속한 집단의 크기만 보고 평가하지 말라. 오직 그들만이 세상을 변화시켜 왔기 때문이다.'라고요."*

폴, 구조적 폭력의 문제를 지적하다

1990년대 아이티에서의 활동이 페루로 이어지기까지 짧지 않은 시간 동안 폴은 무척 많은 일을 겪었어. 폴은 그 시간을 돌이켜 보며 한 가지 문제의식을 갖게 되었지.

"전염병은 왜 발생하는가?"*

이 질문이 출발점이야. 폴은 스스로에게 '왜'라고 묻지. 곧 이 질문은 좀 더 자세한 질문으로 넘어가.

"그럼 그 전염병은 왜 특정한 집단에서만 발생하고 다른 집단에서는 발생하지 않았을까?"*

그리고 마지막 질문은 이렇지.

"그토록 널리 퍼진 전염병이 왜 다른 집단의 사람들 눈에는 보이지 않는 것일까?"*

폴은 에이즈와 결핵이라는 두 전염병에 대해서 의사로서 또 인류학자로서의 경험을 바탕으로 나름의 답을 찾으려 했어. 그러고는 마침내 '구조적 폭력'이라는 개념을 생각해 냈지. 그것은 누가 위험에 노출되고 누가 보호받을 것인지를 결정하는 사회적, 경제적 불공정성을 말하는 거야.† 실제로 물리적 폭력을 가하지 않더라도 누군가의 삶이 질병과 고통으로 망가지는 사회의 '구조'를 지적하는 거지. 이런 내용이 담긴 책이 《감염과 불평등Infections and Inequalities》이야. 폴이 말하고 싶었던 건 누군가가 아픈 것은 단순히 그가 부주의해서 세균에 감염되는 것이 아니란 거지.

아이티의 젊은 여성 아세피를 기억하니? 폴은 아세피의 사례를 예로 들어 구조적 폭력을 설명해. 아세피는 크게 네 가지의 구조적 폭력에 의해 아이티에 존재하지 않던 신생 전염병인 에이즈로 짧은 생을 마감해. 잠깐, 폴의 이야기를 들어 보자.

"첫째, 아이티의 탐욕스런 관리들이 적절한 보상 대책 없이 강을 막고 댐을 건설하는 바람에 강 옆 거주민이었던 아세피의 부모가 강제로 이주하면서 가난에 내몰렸다(관료주의).

둘째, 시골에서 가난에 시달리던 아세피는 도시 중산층 아이티 여성의 하녀로 일하고, 지위가 높았던 군인의 애인이 될 수밖에 없었다(사회 경제적 계급).

셋째, 아세피가 만났던 남성들과의 관계에서 수동적일 수밖에 없었다(젠더 ; 사회적으로 구성된 성별).

넷째, 아세피와 같은 가난한 시민들이 이용할 수 있는 공공시설 및 의료 시설이 상대적으로 부족했다(사회의 계층화)."[†]

폴은 이렇게 특정한 집단이 질병에 노출되는 모든 구조를 파헤치고 그것을 외부에 알리려고 노력했지. 물론 그 과정에서도 환자를 필사적으로 치료하고 그들이 필요로 하는 것을 채워 주려는 파트너스 인 헬스의 실질적인 연대 정신은 고수했어.

폴은 문화를 연구하는 인류학자로 처음 학문을 시작했지만 그즈음 문화라는 것에 매우 비판적으로 돌아섰어. 폴은 주로 미국인이 관심을 가지지 않는 지역에서 활동했어. 그 과정에서 자국민의

폴 파머, 세상을 고치는 의사가 되어 줘

《감염과 불평등》은 우리나라에도 같은 제목으로 출간됐어.
감염과 불평등에 대한 진지한 탐색을 통해
불평등이 가지고 있는 고통의 의미를 역설하고 있지.

무관심과 냉소에 상처를 받기도 했지. 폴이 치료한 사람들은 미국인에게 그저 '다른' 나라의 '다른' 사람들에 불과했어. 그러니까 다른 나라의 문화를 존중한다는 것이 자칫 그 나라에서 발생하는 사회 문제에 무관심하거나, 혹은 묵인하게 만들 수 있다고 본 거야. 폴은 문화는 고통을 설명해 주지 않으며 최악의 경우 변명거리를 제공할 뿐이라고 비판했어.

그는 아이티에 확산되는 전염병이 이들의 전통적인 가치관 때문이 아니라 경제적 원인 때문이라고 확신했어. 그들은 제대로 치료받기는커녕 먹을 것조차 없었지. 여기에 문화가 들어갈 틈이 있을까?

한 가지 예를 들어 보자. 폴은 아이티에서 뇌수막염이 의심되는 열세 살짜리 소녀를 치료한 적이 있어. 뇌수막염은 뇌를 싸고 있는 막이 세균이나 바이러스에 감염되어 걸리는 질병이야. 이것을 진단하려면 뇌척수액을 몸에서 채취해야 돼. 뇌척수액은 척수를 따라 엉덩이뼈까지 흐르고 있어서 허리 부위의 척추에 긴 바늘을 꽂아서 검사를 시행하지. 폴이 검사를 시작하자 소녀는 울면서 이렇게 외쳤다는구나.

"아파요! 배고파요!"*

이건 아이티 고유의 문화적 표현이 절대 아니야. 그 소녀는 진짜 굶주림에 지쳐 있었던 거지. 폴은 이런 경험을 환자를 치료하고 관리하는 사람들에게 알리고 싶었어. 그래서 진료를 하는 틈틈이 글을 쓰고 강연을 다니는 거란다.

폴은 자신의 생각을 전달하려고 한 편의 시를 자주 인용하곤 해. 바로 독일의 극작가 베르톨트 브레히트Bertolt Brecht, 1898~1956가 쓴 〈노동자가 의사에게 하는 말〉이란 작품이지. 같이 한번 읽어 볼까.

노동자가 의사에게 하는 말

우리는 무엇이 우리를 아프게 만드는지 압니다!
우리가 아플 때마다 사람들은 선생님이
우리를 낫게 만들 수 있는 사람이라고 합니다.

지난 십 년 동안 선생님께선
사람들의 돈으로 만들어진 근사한 학교에서
사람들을 치료하는 법을 배우셨다고
또 선생님의 지식을 위해 돈을 쓰셨다고
그렇게 들었습니다.
그렇다면 선생님께선 저희를 낫게 하실 수 있겠지요.

청진기와 펜으로 구조적 폭력에 맞서다

저희를 치료하실 수 있나요?

누더기 옷이 벗겨진 채

선생님 앞에 서면

선생님은 저희의 벗은 몸을 구석구석 진찰하십니다.

우리가 아픈 이유를 찾으시려면

누더기를 한 번 흘끗 보는 것이

더 나을 겁니다. 우리의 몸이나 옷이나

같은 이유 때문에 닳으니까요.

제 어깨가 아픈 것이

습기 때문이라고 그러셨지요. 그런데

저희 집 벽에 생기는 얼룩도 그렇다고 하더군요.

그러니 말씀해 주세요.

그 습기는 도대체 어디에서 오는 거지요?

너무 많은 노동과 너무 적은 음식이

우리를 약하고 마르게 만듭니다.

선생님은 처방전을 내주셨지요.

몸무게를 늘려라

그렇다면 선생님께선 갈대에게

젖지 말라고 말할 수도 있겠군요.

선생님께선 저희를 위해 얼마나 시간을 내실 거죠?

선생님 댁의 카펫이 보이네요.

오천 번쯤 진료하면

하나 살 수 있을 것 같네요.

아마도 선생님은 자신에게는

책임이 없다고 말하시겠죠. 저희 집 벽

습기 찬 얼룩도

똑같은 이야기를 하더군요.

이 시는 폴이 앞으로 의사가 되고자 하는 사람들에게 전해 주는 진심어린 조언도 담겨 있단다. 숨 가쁘게 달려온 폴의 시선은 또 어디를 향해 있을까. 그의 발걸음을 따라가 보자.

청진기와 펜으로 구조적 폭력에 맞서다

아이티, 그 슬픈 역사

아이티는 아메리카 대륙을 탐험하던 콜럼버스가 1492년 처음 발견했어. 그 뒤로 에스파냐(오늘날 스페인)가 점령해 아이티의 원주민을 노예처럼 부렸지. 가혹한 노동과 외부에서 들어온 질병까지 겹쳐 노동 인구가 줄어들자 에스파냐는 아프리카에서 흑인 노예를 대거 데려왔어. 그들이 바로 현재 아이티 인들의 선조인 셈이야.

1697년 에스파냐로부터 아이티를 넘겨받은 프랑스는 50만 명이나 되는 흑인 노예를 부려 목화, 사탕수수, 커피 등을 생산해 얻은 막대한 부를 자국으로 가져갔지. 아이티는 세계에서 가장 부유한 식민지였으나 정작 아이티 인들에게 돌아오는 건 아무것도 없었어. 프랑스 혁명과 프랑스 인권 선언에 고무된 아이티 인들은 1791년 억눌린 자유를 되찾는 반란을 일으켰고, 에스파냐와 영국,

프랑스와의 전쟁 끝에 1804년 흑인공화국으로 새롭게 태어났지. 아이티는 아메리카 대륙에서는 미국 다음 두 번째로 독립하였고, 노예제 폐지를 법령화한 최초의 북아메리카 국가였어.
아이티 혁명은 곳곳에서 노예 봉기가 일어나는 데 큰 영향을 끼쳤고, 그러한 이유로 식민지를 소유한 강대국들은 아이티를 독립 국가로 인정

1791년 아이티 혁명을 주도한 투사 루베르투르의 모습이야.

아이티 국기는 빨강과 파랑 두 가지 색을 쓰는데,
이건 프랑스 삼색기에서 백인을 추방한다는 의미로
하얀색을 뺀 거야.

하지 않았어. 게다가 프랑스는 아이티의 독립으로 손해를 봤다며, 오늘날 210
억 달러라는 어마어마한 금액을 내놓으라고 요구했지. 프랑스 해군의 위협을
받고 있던 아이티는 그 돈을 프랑스에서 빌렸고, 내내 채무에 시달려야 했어.
1915년 미국이 제1차 세계 대전을 틈타 아이티를 점령하여 1934년까지 지배
했어. 그동안 미국 해병대는 약 6만 명의 아이티 인을 학살했어. 미국은 부두
교를 믿는 아이티 인들을 야만인, 식인종의 국가라고 불렀고, 무역도 봉쇄해
버렸지. 잠시 아이티에서 철수한 미국은 1959년 쿠바에서 공산주의 혁명이 성
공하자 쿠바가 아이티에 영향력을 미칠까 봐 다시 아이티를 점령할 방법을 찾
았지.
당시 아이티는 1957년 9월 대통령으로 선출된 프랑수아 뒤발리에가 의회를 해
산하고, 1964년 6월에는 대통령 종신제를 선포하고 독재를 이어 가던 상황이
었어. 미국은 재빨리 뒤발리에 독재정권에 경제, 군사적 원조를 하고 나섰어.
1971년 프랑수아 뒤발리에가 죽자 그의 아들 장 클로드 뒤발리에가 대통령 자
리를 물려받았지. 이들 부자의 30여 년에 걸친 독재로 아이티는 경제적 불균
형에 시달렸고, 정치적 탄압이 계속되었어. 1986년 대규모 민중 봉기가 일어
나 독재정권이 마침내 무너졌어. 이때도 미국은 장 클로드 뒤발리에를 피신시
켜 망명을 도왔지.
이후에도 미국은 아이티에 깊숙이 개입했어. 1990년 아이티 역사상 처음 실시

2006년 아이티 북부의 항구 도시 카프-아이시앵의 빈민가 모습이야.

된 평화로운 선거를 통해서 해방신학자 출신인 장-베르트랑 아리스티드 신부님이 대통령에 당선됐어. 하지만 1년도 채 되지 않아 군사 쿠데타로 망명길에 올라야 했고, 아이티는 다시 혼돈에 빠져들었지. 아이티의 군사 정권은 국제연합과 미국의 군사 작전, 경제 제재 등 압력을 받고 정권을 반납하게 되고, 아리스티드 대통령이 복귀했어. 2000년 11월 아리스티드 대통령은 다시 대선에 도전하여 91.8퍼센트의 압도적인 지지율로 당선되었지만, 쿠데타가 반복되어 대통령 직을 사임하고 아프리카로 망명했어. 이후 아이티의 안정과 질서 회복을 위한 다국적군이 아이티에 도착하였으나, 지금까지도 아이티의 정치적 혼란은 계속되고 있어.

세계 최초의 흑인공화국이었던 아이티는 현재 전 세계에서 가장 가난하고 비참한 나라로 전락했어. 아이티의 총 인구는 100만 명가량인데, 그중 80퍼센트가 하루 2달러 미만으로 생계를 이어 가고 있고, 실업률은 60퍼센트에 달해. 또한 국민 10명 중 4명이 글을 못 읽을 정도로 교육 수준이 낮지. 게다가 2004년에

포르토프랭스 시민들이 2006년 선거에서 투표를 하고 있어.

는 홍수로 3,000명이 사망했고, 2008년에는 허리케인이 닥쳐 1,000여 명 사망에 80만 명의 이재민이 발생했어. 엎친 데 덮친 격으로 2010년에는 강도 7.0의 대지진이 일어났지. 그로 인해 30만 명 이상이 숨졌고, 무너진 집이 25만 채에 이르렀지. 아이티 병원의 절반이 무너졌으며, 정부 건물의 60퍼센트가 파괴되었어. 폴 파머는 이런 아이티를 가리켜 '급성이자 만성인 재앙'이라고 표현했어.

4

Paul Farmer

폴 파머,
세계를 치료하다

러시아에서
긴 싸움을 시작하다

누군가 곤경에 처했을 때 폴은 언제나 가장 먼저 문밖을 나선다.

에모리의과대학 신경외과 교수 산제이 굽타

폴과 동료들은 이번엔 러시아 죄수들의 결핵 치료를 위해 발 벗고 나섰어.
폴은 그곳이 어디든 환자 앞에서는 늘 겸손한 자세로 그들을 돌봤어. 그렇
지만 치료 비용을 가지고 계산기를 두드려 가며 효용을 강조하는 국제기
구의 정책에 대해서는 비판을 숨기지 않았지.

여전히 환자 앞에서 겸손한 의사 폴

2000년에 들어서면서 폴은 40대가 되었어. 폴은 에이즈와 결핵 등 전염병에 있어서 세계적인 명성을 쌓았지. 인류학계에서도 그의 경험은 세계 각지에서 필요로 하는 소중한 자산이 되었어. 점차 이런 이야기도 나오기 시작했지. 폴이 환자를 진료하면서 보내는 시간을 타국 환자를 위한 단체에 자문을 해 주는 시간으로 대체한다면, 그가 아는 지식과 경험을 더욱 효과적으로 활용할 수 있을 거라고 말이야. 물론 그것도 매우 의미 있는 일일 거야. 폴도 그런 이야기엔 동의하지만, 폴에게 1순위는 언제나 환자였어.

누군가 아내와 딸이 모두 프랑스에 있고 혼자 아이티와 보스턴을 오가는 폴에게 외롭지 않느냐고 물어봤어. 폴은 아니라고 대답했지. 왜인지 아니?

"거기에는 환자가 없잖아."*

정말 못 말리겠지? 폴의 절친한 친구 후안 소시의 이야기를 들어 보면 그가 환자를 대하는 태도를 좀 더 알 수 있지.

"사람들은 종종 1959년에 태어난 의사 폴 에드워드 파머를 영웅, 성자, 미친놈 혹은 천재라고 부릅니다. 모두 다 그럴 듯하지만, 그를 가장 잘 보여 주는 표현은 환자들에게 귀를 기울이는 의사라는 것이에요."*

폴 파머, 세계를 치료하다

이것 말고도 환자에 대한 폴의 애정을 보여 주는 사례는 많아. 사실 유명해지면 겸손해지기가 쉽지가 않잖아. 난 이런 사람이에요, 하고 자랑도 하고 싶고. 그렇지만 폴은 명성에 아랑곳하지 않고 환자를 대할 때는 항상 진지함을 유지해. 그건 사람들의 일반적인 예상을 뛰어넘는단다. 이제 소개할 이야기는 폴이 환자 앞에서 얼마나 겸손한지를 잘 보여 주고 있어.

첫째 딸 캐서린이 태어난 지 얼마 안 됐을 때, 폴은 아이티 캉주에서 산모를 진찰하게 됐어. 산모는 임신 10개월째였는데 상태가 매우 좋지 않았어. 급히 아이를 분만시키지 않으면 산모와 태아 둘 다 생명을 잃을 수도 있었지. 산모는 정신을 잃고 발작을 했어. 폴은 혼신을 다해 아이를 분만시켰지. 하지만 아이는 이미 죽어 있었어.

"그 아이는 죽었지만, 정말 아름다웠어요. 눈물이 나기 시작했죠. 나는 양해를 구하고 밖으로 나왔어요. 그리고 생각했죠. 무슨 일이지? 내가 왜 울고 있는 거지? 그때 나는 깨달았어요. 내 딸 캐서린을 생각하며 울고 있다는 걸요."*

폴은 자신이 다른 사람의 아이보다 자신의 아이를 더 사랑한다는 생각 때문에 괴로웠어. 이런 마음을 가졌다는 것조차 부끄러워할 정도로 스스로에게 엄격했단다.

혹 누군가는 이렇게 말할지도 몰라. 폴은 착하고 성실하게 태어

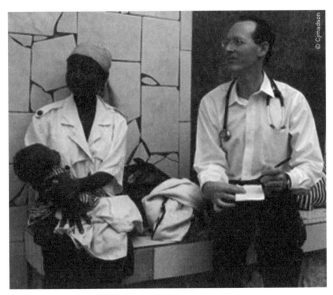

2003년 엄마와 아기 환자를 돌보고 있는 폴 파머의 모습이야.

난 사람이라고 말이야. 오랜 시간 가족과 떨어져 환자를 돌보고, 불도저처럼 일을 척척 해결하고, 항상 웃음을 짓고 유쾌한 농담도 잘하니까. 하지만 그를 오랫동안 지켜본 사람들은 폴이 얼마나 외롭고 고통스럽게 하루하루를 싸워 가면서 노력하는지 잘 알고 있지.

러시아의 감옥을 찾아가다

폴의 동료들은 그를 필요로 하는 곳이 많아지는 것을 걱정했어. 하지만 폴은 전혀 개의치 않았지. 그에게는 아주 간단한 문제였거든. 그저 잠을 더 줄이고 더 많이 날아다니면 되는 거였으니까 말이야.

1998년 또 다른 곳에서 폴에게 도움의 손길을 요청해 왔어. 그곳은 러시아였고, 감옥에 수감 중인 죄수들의 결핵을 치료해 달라는 부탁이었지. 그런데 좀 이상하지 않니? 러시아 의사가 아닌 저 먼 미국의 의사가 달려갔으니 말이야. 러시아에도 실력 좋은 의사들이 많았을 텐데, 왜 하필 폴 파머였을까? 도대체 어떻게 된 일인지 지금부터 살펴보자.

1998년은 폴이 페루에서 다제내성 결핵 환자를 열성적으로 치료하며 바쁜 나날을 보내고 있던 시기야. DOTS 프로그램이 오히려 매우 강력한 결핵균을 확산시켜 많은 환자의 목숨을 위협한다는 것을 발견했고, 이를 해결하려고 고군분투했잖아. 폴은 페루 활동과 관련해 기금을 마련하던 중에 소로스 재단을 소개받게 되었어.

소로스 재단은 펀드 매니지먼트를 운영하여 큰 부를 축적한 헝가리계 미국인 조지 소로스가 설립했어. 특히 인권, 복지, 교육에 많은 지원을 해 오고 있었지. 당시 소로스 재단은 러시아에서 결핵 퇴치 사업을 진행 중이었기 때문에, 폴은 페루의 결핵 퇴치 사업 자금도 지원받을 수 있을 거라 내심 기대했지. 불행히도 그 기대는 실패로 끝났지만, 재단은 폴을 지지하는 마음으로 러시아 결핵 퇴치 사업을 소개해 줬어. 그런데 러시아의 결핵 퇴치 사업안을 읽은 직후 폴은 자신도 모르게 욕을 뱉고 말았지.

"이런 빌어먹을!"*

소로스 재단은 페루 정부가 도시 빈민촌 결핵 환자에게 했던 실수, 즉 세계보건기구의 결핵 프로그램인 DOTS를 러시아 결핵 환자에게 똑같이 시행하려고 하고 있었어. 이미 1차 결핵약에 내성이 생겼을 가능성이 높은 러시아 결핵 환자에겐 실패할 확률이 매우 높았지. 폴이 페루에서 그토록 막으려고 했던 상황이 러시아에 펼쳐지기 직전이었어. DOTS 프로그램이 실패하면 다행이지만, 더 강력한 결핵균을 발생시켜 상황을 악화시킬 가능성이 컸지.

폴 파머, 세계를 치료하다

폴은 당장 소로스 재단에 자신의 의견을 전달했고, 러시아로부터 결핵 퇴치 사업에 참여해 달라는 정식 요청을 받았어. 빈민촌과 마찬가지로 감옥은 의료 사각지대였고, 결핵과 같은 전염병은 그렇게 열악한 환경에서 더 극심하게 확산되기 때문에 폴은 맘을 단단히 먹고 그 요청을 수락했어. 폴은 잠잘 시간을 줄여 러시아로 날아갔지. 그건 폴에게 또 다른 도전이었어.

"아이티에서 벌어지는 일은 사람들이 쉽게 무시하고 덮어 버릴 수 있을지 몰라. 하지만 러시아의 사례를 들고 이야기하면 전 세계가 가난한 사람들의 질병에 관심을 갖게 만드는 데 크게 도움이 될 거야."*

이듬해인 1999년 폴은 소로스 재단과 함께 러시아 시베리아와 모스크바에 있는 감옥을 직접 방문했어. 그가 목격한 감옥은 너무나도 참혹했어. 죄수는 누더기 같은 옷을 입고, 어두운 불빛 아래서 생활했지.

이층침대가 빼곡히 들어 찬 좁은 공간에는 무려 50명가량이 함께 있었어. 여기저기 기침 소리도 끊이지 않았어. 폴이 더욱 놀란 건 죄수 대부분이 매우 젊었다는 사실이야. 이들은 민간인보다 무려 40~50배나 높은 결핵 감염률을 보이고 있었어. 시베리아 지역의 죄수 중 약 10만 명가량이 활동성 결핵 환자였고, 그중 약 3만 명이 다제내성 결핵 환자였다고 해. 그들은 강력한 다제내성 결핵

균에 쉽게 노출되어 있었지. 당시 러시아의 감옥 내 사망 원인 1위가 결핵이었다고 하니 사태의 심각성을 알 수 있겠지? 모스크바 마트로스카야 티시나 구치소에 수감 중인 스물두 살의 결핵 환자는 이렇게 이야기하기도 했지.

"정말 제가 지은 죄에 대해서는 너무나 미안하게 생각해요. 하지만 감옥에서 죽고 싶지는 않아요. 제가 이렇게 죽어 버린다면 저희 부모님도 돌아가실지 몰라요."[†]

그러나 결핵에 걸린 이들이 감옥에서 무사히 풀려나는 건 더 위험한 일이었어. 제대로 치료받지 못한 그들이 가족의 품으로 또 사회로 돌아갔을 때 몰고 올 파장은 상상만으로도 어마어마했거든. 그들은 독한 결핵균을 확산시키는 병균 배달부나 마찬가지였어. 실제로 당시 러시아에서는 석방된 죄수로부터 결핵이 빠르게 확산되고 있었지. 그 결과 1990년대 들어 채 십 년도 안 되는 기간 동안 러시아의 결핵 환자는 세 배로 증가했다고 해. 결핵 치료 사업을 담당하던 책임자는 감옥을 '전염병 펌프'와 같다고 비유할 정도였어.

그 시절 러시아에서는 빵 한 조각만 훔쳐도 바로 감옥에 수감됐어. 그러고 나서 죄의 유무 및 형량을 결정하기까지 짧게는 1년에서 길게는 4년까지 걸렸다는구나. 재판을 기다리는 동안 얼마나 많은 사람이 결핵 환자와 접촉하며 감염에 노출되었을지 생각하는 것만으로도 끔찍해. 죄를 제대로 선고받기 전에 결핵으로 사망하는 경우도 증가하고 있었어.

러시아 죄수들의 결핵 치료를 총괄하다

폴은 이 끔찍하고 비인권적인 상황을 목격한 뒤 당장 미국의 소로스 재단을 찾아갔지. 조지 소로스는 단순한 기부보다 국제 사회가 이 문제에 좀 더 깊이 참여할 수 있도록 도왔어. 폴을 미국 백악관에 연결해 준 거야. 폴은 미국의 전 대통령 빌 클린턴의 아내 힐러리 클린턴을 만나 회의를 진행했고, 그 결과 러시아 정부는 세계은행으로부터 대규모의 차관을 제공받아 결핵 치료 사업을 시행할 수 있었지.

세계은행은 국제연합 산하의 금융기관으로, 전후 각국의 전쟁 피해 복구 및 개발 자금을 지원해 주기 위해 1945년에 설립되었어. 지금은 회원국으로부터 출자나 채권 발행 등을 해서 저금리로 개발도상국에 자금을 지원하며, 이외에도 세계 경제 및 개별 국가에 필요한 정책 자문 등의 역할을 하기도 해.

세계은행까지 나서다 보니 폴이 자연히 중요한 역할을 맡게 되었어. 세계은행은 여러 감염병 전문가, 공중보건 전문가, 경제학자로 구성된 자문 위원회를 구성해 모스크바로 파견했고, 폴은 자

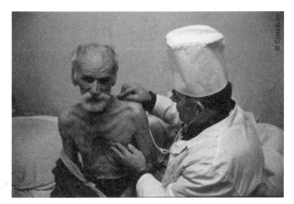

치료를 받고 있는 러시아의 다제내성 결핵 환자야.

문 위원단의 무보수 수석 고문으로 임명됐지.

그런데 무보수라니 이 부분이 좀 이상하게 들릴 수도 있어. 사실 폴은 세계은행의 몇몇 정책에 대해서 강력하게 비판하는 입장이었어. 그 의지를 보여 주기 위해 수석 고문으로 많은 일을 도맡아 하면서도 돈 한 푼 받지 않았지. 그가 이동하는 경비는 세계은행이 아니라 소로스 재단의 기부금으로 충당했어.

폴은 세계은행이 러시아에 돈을 빌려 주는 방식인 차관에 반대를 했어. 그는 러시아의 현지 담당자들과 함께한 자리에서 자신의 솔직한 심정을 이야기했지. 무상으로 돕는 원조가 필요하다고 말이야. 러시아는 결핵 치료에 필요한 돈을 빌린 것이고 나중엔 이 돈을 갚아야만 해. 폴은 빚을 갚는 과정에서 향후 러시아가 국민을 위해 사용할 돈의 많은 부분을 포기할 수밖에 없다고 보았지. 그게 훗날 결핵 치료 등 보건 사업에 쓰일 비용일 수도 있잖아. 폴은 이것이 불합리하다고 보았고, 이러한 방식이 문제가 될 것이란 확신이 들었지.

참, 돈과 관련된 이야기가 나와서 그러는데 이와 관련된 재미있는 일화를 하나 들려줄게. 처음 러시아로 결핵 조사를 하러 갔을 때, 현지 담당자들이 폴에게 이렇게 물었대.

"러시아 환자를 진료하고 진료비는 얼마나 받아요?"*

미국의 저명한 의사가 러시아까지 와서 환자를 진료하니 당연히 진료비를 받는다고 생각했겠지. 폴은 매우 당황했어. 사실 폴은 세계 최고 수준의 병원에서 일하는 의사이면서도 가진 재산이 거의 없어.

폴의 비서는 폴이 최고로 열심히 일하지만 완전히 빈털터리 파산 상태라고 이야기하지. 그가 하버드대학과 브리엄병원에서 받는 연봉을 합치면 우리나라 돈으로 1억 원이 넘어. 그렇지만 외부 강연 및 원고료로 공과금 등을 처리하고 남은 돈은 모두 파트너스인 헬스의 기금으로 들어간다고 해. 그런 폴에게 환자를 보는 데 진료비가 얼마냐고 묻다니, 헛웃음을 지었을지 모르겠다.

이와 같은 맥락에서 봤을 때 세계은행의 차관 방식은 그에게 매우 이상하게 느껴졌을 거야. 하지만 그 방식을 폴의 뜻대로 바꾸는 건 능력을 벗어난 일이었어. 대신 그는 자신이 할 수 있는 일에 최선을 다했어. 몇몇 세계은행 담당자는 폴이 러시아에서 그것도 감옥 안에서 죄수들의 결핵을 치료하겠다는 제안서를 제출했을 때 그를 조롱하기도 했어. 그는 항상 이런 다짐을 하곤 했단다.

"이제 전투가 시작됐어. 10년짜리 매우 긴 싸움이 될 거야. 세계은행 팀과 회의자리에서 단 하루만 성질을 죽이고 참자. 날 조롱하던 그 세계은행 팀 녀석을 한 대 때리고 싶어도 꾹 참아야 해. 죄수들이 죽어 가고 있잖아. 앞으로도 계속 그럴 테고."[*]

폴은 참고 또 참으면서 결국 원하는 성과를 얻어 내고야 말았지. 그는 세계은행과의 협상을 성공적으로 마무리해서 우선적으로 3,000만 달러를 받고, 추가로 1억 달러를 더 받기로 했어. 지원금의 반은 러시아 보건부가 보건 체계 확립을 위해 사용하고, 나머지 반은 수감자를 직접 관리하는 법무부가 사용하기로 했어. 법무부에서는 결핵 감염 수감자들에게 배식을 늘려 주는 내용도 포함시켰지.

한편, 2001년 파트너스 인 헬스는 소로스 재단의 요청으로 시베리아 남부 톰스크의 결핵 치료 사업을 총괄하기로 했어. 이는 톰스크의 감옥을 포함한 러시아 전역에 걸쳐 일반 결핵과 다제내성 결핵을 치료하는 기준안을 마련하는 중요한 시범 사업이었지. 거액의 차관을 들여오는 상황이었기 때문에 반드시 성공해야만 했어. 당시 이 지역 죄수들이 결핵으로 사망하는 비율이 10만 명당 380명꼴이었는데, 폴과 파트너스 인 헬스 동료들은 열정적으로 새로운 치료법을 시행했고, 불과 몇 년 만에 죄수들의 결핵 사망률을 제로로 만들었지. 또 병원에 오지 못하는 환자들을 위해서는 이동 서비스를 시행해 치료를 확대해 나갔어.

이러한 성과는 러시아 정부의 적극적인 참여를 이끌어내, 2003년에는 러시아 보건부가 다제내성 결핵 치료 국가 가이드라인을 발행하기에 이르지. 2012년이 되자 톰스크 지역의 결핵 환자는 무려 40퍼센트나 줄어들었고, 이 성공적인 결핵 사업은 이후 러시아 전역은 물론, 동유럽과 중앙아시아로도 확대되었단다.

폴 파머, 세계를 치료하다

폴의 부끄러움, 분노, 그리고 절규

의학의 진짜 역할은 탁월한 과학기술을
진심 어린 보살핌과 연민,
때로는 정신적 위안으로 이어 주는 것이다.

폴 파머

폴은 진료를 하는 틈틈이 자신의 경험과 생각을 정리한 책을 발간해 왔어.
그중 《권력의 병리학》은 자유주의와 신자유주의라는 권력이 어떻게 사람
들을 고통스럽게 만드는지를 잘 보여 준다. 한편, 그의 일대기를 다룬 책
이 베스트셀러가 되면서 대중도 그를 주목하지.

새천년을 맞이하는 폴의 심정

새천년을 맞이하는 폴의 기분은 어땠을까? 아이티와, 페루, 보스턴, 그리고 러시아에서 많은 성과를 냈으니 조금은 뿌듯한 기분이 들었을까? 2000년이 되었을 때 폴은 많은 시간을 러시아와 아이티를 오가는 비행기 안에서 보냈어.

이렇게 바쁜 와중에도 그가 1990년대에 보고 느낀 것을 다시금 한 권의 책으로 정리했지. 그것이 바로 2004년에 발표한 《권력의 병리학Pathologies of Power》이야.

아이티, 페루, 러시아의 전염병 사례에 대한 자세한 설명과 냉철한 분석이 담겨져 있지만, 곳곳에 그의 솔직한 느낌이 실려 있기도 해. 어떻게 보면 일기를 모아 놓은 것 같아. 환자를 만나고, 그들이 처한 참혹한 현실을 목격한 그날그날의 감정을 담았거든. 자신의 한계 때문에 고통스러워하는 폴의 모습과 처참한 현실에 대한 분노, 그럼에도 이러한 현실을 직시해야 한다는 그의 절규가 생생히 전해져 와.

폴 파머의 팬인 나는 당연히 그 책을 읽어 보았지. 그중 개인적으로 가장 기억에 남은 장면을 소개할게.

1997년 11월 중순, 장소는 멕시코 치아파스Chiapas였어. 멕시코는 군부 독재 정권에 반기를 든 혁명의 여파로 몸살을 앓고 있었

PATHOLOGIES OF **POWER**

HEALTH, HUMAN RIGHTS, AND THE NEW WAR ON THE POOR

PAUL FARMER WITH A NEW PREFACE BY THE AUTHOR
FOREWORD BY **AMARTYA SEN**

《권력의 병리학》은 우리나라에도 같은 제목으로 출간되었어.
이 책은 앞서 출간된 《감염과 불평등》을 한층 더 발전시켰지.
즉, 질병이 불평등하게 확산되는 것을 결국에는 권력의 문제로 보았던 거야.

어. 3년 전 일어난 혁명은 빈민과 인디오로 구성된 사파티스타 민족해방군이 주도적인 역할을 했지. 전 세계 이목이 집중되었고 폴 역시 아이티에서 이 소식을 관심 있게 지켜봤어. 군부 독재가 계속되던 멕시코의 상황이 아이티와 너무나도 비슷했고, 파트너스 인 헬스는 멕시코의 해방군 활동 중심 지역에서 보건 사업을 돕고 있었어. 가난과 질병으로 속절없이 죽어 가던 빈민과 원주민을 주축으로 일어난 이 싸움은 가톨릭교회의 중재로 평화 협상이 이루어지면서 일단락됐어. 하지만 이후에도 3년간 끊임없는 분쟁이 발생했고, 사파티스타 민족해방군의 주요 거점이었던 치아파스는 경찰과 무장한 경비대에 지속적으로 박해를 받았다고 해. 바로 이 시기에 폴이 아이티 캉주에서 치아파스로 향했지. 폭력이 끊이지 않는 그곳으로 말이야.

폴이 찾아간 치아파스에는 마야의 후손인 인디오가 살았어. 그곳 사람들은 수백 년에 걸쳐 스페인의 식민 지배를 받았고, 독재 정권, 지역의 탐관오리, 돈만 밝히는 부유한 인디오에 의해 억압당해 왔지. 당연히 삶은 궁핍하고 가난을 떨치기 힘들었어. 폴은 현지 보건 활동가로부터 이런 이야기를 전해 들었어.

"사람들은 치아파스가 가난하다고 그러는데 그건 사실이 아니에요. 이곳은 천연자원이 정말 풍부해요. 가난한 건 이곳의 주민들뿐이에요."

지역 사회 보건 인력이 치아파스의 가정방문을 위해 산허리를 걸어 내려가고 있다.

치아파스에 사는 인디오들은 관광객의 눈에 띄지 않는 산골짜기 한구석에서 조용히 유명을 달리하고 있었어. 그들은 홍역, 백일해, 뎅기열, 콜레라, 말라리아, 폐 질환 등 수많은 전염병에 노출되어 있었지. 폴은 그곳에서 해방신학을 설파하는 엘리베르토 신부님과 젊은 의사인 데모스테네스를 만났어. 이들은 무장한 경비대로부터 끊임없이 위협을 받으면서도 가난한 사람들을 위해서 헌신적으로 일하고 있었지. 폴은 죽음의 위협 앞에서도 굳건한 이들의 모습을 보고 크게 감동했어.

폴은 옛 기억을 떠올렸어. 아리스티드 대통령이 군사 조직의 쿠데타로 쫓겨난 후 자신도 생명의 위협을 느끼면서 일을 했었으니까. 멕시코에서 또 다른 자신을 목격하는 느낌이었을 거야. 그때와 다른 점은 상황이 더 안 좋다는 것이었지. 폴이 이런 많은 감정과 생각이 교차하는 순간에 그들과 헤어지는 장면을 기록한 부분이 정말로 인상적이었어.

"나는 그들의 결의에 찬 모습 앞에서 너무나도 부끄러웠다. 이런 마음을 안은 채 나는 그들이 머물던 조그마한 교구 사무실에서 나왔다. 그들은 떠나는 나에게 현재 생활 터전을 빼앗긴 주민들을 위해 무엇보다도 음식과 머물 곳을 마련하는 것이 시급하다고 이야기했다. 의사 데모스테네스는 여기에 한마디를 덧붙였다. '그리고 현미경이 있으면 좋을 것 같군요. 이전보다 결핵 환자가 점점 더 많이 발견되고 있어서요.'"

머릿속에 이 장면을 떠올려 보면, 폴의 감정을 더 깊이 이해할 수 있을 거야. 폴은 죽음을 두려워하지 않는 그들의 용기에 대한 깊은 존경심, 하지만 자신이 도울 수 있는 거라곤 고작 현미경 정도라는 자괴감, 그리고 현지인들에게 지속적으로 약품을 공급하는 것이 매우 중요하다는 얘기를 할 수조차 없는 자신의 한계, 이렇게 복잡한 감정으로 뒤섞여 있었겠지.

그 마음이 이 짧은 글을 통해 너무나도 생생히 전달되는 것 같아. 폴은 치아파스를 떠나면서 '치아파스는 가난하지 않다. 가난한 것은 그곳의 주민뿐이다.'라는 말을 계속해서 되뇌었다고 하지. 우리가 자원이 부족한 시대에 살고 있다고들 하지만, 실상 여러 자료는 그 반대라고 말하고 있어. 치아파스를 통해서 폴이 세상에 들려주고픈 교훈은 바로 세상의 자원이 더욱 더 고르게 나누어져야 한다는 점이야.

하나 더 인상적인 장면을 꼽으라고 하면 이 책의 후기가 아닐까 싶어. 폴은 러시아에서 아이티로 가는 비행기에서 후기를 쓰기 시작해서, 자신의 보금자리인 아이티 캉주에서 마무리했어. 러시아 죄수들의 결핵 치료 회의를 하고 돌아오는 길이었지. 폴은 사람의 생명을, 건강을 인간이 누려야 할 기본적인 권리로 보지 않고 어떻게든 손해를 보지 않고 투자할 수 있는지 따지기만 하는 세계은행을 겪으면서 많은 생각을 했어. 그리고 후기에서 이렇게 고백하지.

"나는 이 책을 통해 자유주의, 신자유주의라는 권력이 어떻게 사람들을 고통스럽게 만드는지를 보여 주고 싶었다."

그가 말하는 자유주의, 신자유주의란 돈이 인간의 권리나 윤리보다 더 중요시된다고 보는 관점이야. 폴은 1983년부터 다양한 나라의 환자를 돕고 치료해 왔어. 안타깝게도 그가 떠나보낸 희생자들의 공통점은 인종, 성별, 정치적 성향, 언어가 아니라 바로 가난한 자들이었다는 사실이야. 돈을 숭배하는 세상의 논리 앞에, 무소불위의 권력 앞에 세상 모두가 크고 작은 고통을 받으며 살아가지만, 이로 인해 생명을 잃는 사람들은 가난한 자들이란 걸 숱한 경험을 통해 깨달았어. 이 사실이 폴을 항상 가슴 아프게 하고, 그를 분노케 했지.

후기를 정리하던 폴은 아이티 청년 마노를 진료하고는 크게 절규하고 말았어.

"이런 젠장! 뭐라도 해 줬어야지. 그 어떤 치료라도! 빌어먹을 총알이 그대로 박혀 있잖아!"

마노는 트럭의 짐칸에 타고 가던 중, 화가 난 승객이 난사한 총에 맞아 왼쪽 발목이 골절되었어. 폴이 러시아에 있을 때 그의 소식을 접했는데, 수술을 하지 않으면 다리를 절단해야 한다는 아이티 의사의 황당한 이야기를 들었지. 그렇지만 그 의사도 어쩔 수 없던 것이 마노가 수술을 받으려면 6,000달러라는 큰돈을 지불해야만 했거든. 그래도 폴은 자신이 돌아오기 전까지 아이티 의사가 적어도 총알은 제거했을 거라 생각했어. 하지만 가난한 시골 청년에게 의사는 아무것도 해주지 않았어. 폴은 마노가 단지 운이 없는 한 청년의 사례가 아니라고 보았어.

그는 좀 더 큰 시각으로 이 일을 바라보았지. 멕시코 치아파스에서 얻은 교훈처럼, 마노와 같이 뜻밖의 사고를 당한 환자를 치료할 자원은 풍부한 세상이 되었지만, 그것이 누군가의 권력 놀음에 의해 골고루 확산되지 못하고 있다고 말이야.

마노의 일로 폴은 후기를 쉽게 마무리 짓지 못했어. 왜냐하면 책에 미처 담지 못한 마노와 같은 사례가 계속해서 머릿속에 떠올랐거든. 그의 천재적인 기억력은 그를 너무나도 고통스럽게 했지. 폴은 순간 모든 것을 잊어버리고 싶은 충동이 일었어. 다른 자극적인 흥밋거리에 몰두해서 이런 참혹한 기억이 떠오르지 않게 하고 싶었지.

폴은 치료비를 낼 수 없는 환자들의 일을 세상에 알리고 관심을 이끄는 것, 그래서 조금이라도 더 치료 비용을 마련하는 것이 자신의 임무라고 생각했지. 반면, 자신이 그러한 능력을 지닌 것을 일종의 특권이라고 하면서 자책하기도 했어. 자신 역시 결백하지 않다고 반성하면서 말이야. 폴은 아주 짧게 거대한 권력 앞에 마주 선 자신의 무력함을 푸념하듯 고백하기도 했단다.

"나도 정의를 찾기에는 너무 늙고 지친 것 같다."

2000년이 이렇게 자조 섞인 푸념과 함께 시작됐지만, 이것은 끝이 아닌 또 다른 시작을 알리는 다짐과도 같았어. 행동파 폴은 또 다시 전진, 또 전진했지.

학계뿐만 아니라 대중에게도 알려지다

폴이 대중에게 널리 알려진 건 유명한 논픽션 작가인 트레이시 키더Tracy Kidder가 3년여의 취재 기간을 거쳐 폴에 대한 이야기를 책으로 엮어 내면서부터야. 책의 제목은 《Moutains beyond moutains》로 아이티의 속담 '산 너머엔 또 다른 산이 있다'를 뜻하기도 해. 우리나라에는 2005년에 《작은 변화를 위한 아름다운 선택》이란 제목으로 출간되었지.

전염병학과 의료인류학 분야에서 이미 뛰어난 명성을 얻은 폴은 이 책을 통해 대중에게도 뜨거운 관심을 받게 되었어. 이 책은 곧 베스트셀러가 되었고, 미국 젊은이들에게 그는 멘토로 자리 잡았어. 폴도 이 사실이 싫지는 않았대. 이를 계기로 파트너스 인 헬스에 기부하는 사람들과 자원봉사를 하려는 사람들이 더욱 늘어났거든.

하지만 트레이시가 자신과 동행하면서 글을 쓴다고 했을 때 적잖이 걱정을 했던 것도 사실이야. 자신의 생각과 행동이 타인의 글로 표현될 때는 오해의 소지가 생길 수 있기 때문이지. 폴은 트레이시와 한바탕 신경전을 벌이기도 해. 지금부터 그 이야기를 들려줄게.

2000년 초반, 폴은 에이즈 국제회의에 참석하기 위해 중남미에 위치한 나라, 쿠바에 갔어. 당연히 트레이시도 함께였지. 이 회의는 에이즈를 일으키는 HIV를 처음으로 발견한 프랑스의 뤽 몽타니에 박사까지 참여할 정도로 큰 규모였고, 폴은 중요한 발표자로 초청되었지. 폴이 에이즈 치료 분야의 권위자였으니 별다른 일은 없었는데, 문제는 그 장소가 바로 쿠바였다는 데 있지.

우리에게 쿠바는 중남미의 한 국가에 불과하지만 미국인에게 쿠바는 공산주주의 체제를 따르는 적대국이나 마찬가지야. 북한과 남한의 관계 정도는 아니지만 어쨌든 서로 우호적이지만은 않은 건 사실이지. 쿠바는 매우 가난한 나라였는데, 그 뒤에는 미국이 오랜 기간 시행한 무역 봉쇄 정책의 영향이 컸어. 미국의 주요 언론은 쿠바에 대한 적대적인 보도를 많이 했고, 자연스럽게 미국인은 쿠바에 대한 잘못된 정보를 가지고 있는 경우가 많았어. 폴은 이 점을 걱정했어. 트레이시는 미국에서 자란 평범한 미국인이

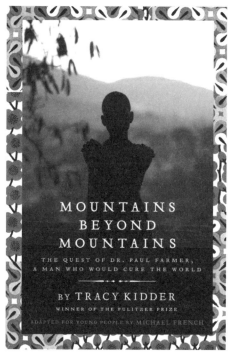

《작은 변화를 위한 아름다운 선택》에는
폴의 어렸을 적 이야기부터 2000년 초반까지
그의 삶에 대해 자세히 나와 있어.

었으니까 말이야.

국제회의 발표를 앞두고 폴과 트레이시는 쿠바의 국립전염병전
문병원과 에이즈 환자가 치료받는 요양 시설까지 두루 방문했어.
쿠바의 보건 의료 체계와 국민 건강 수준은 세계 어디에 내놓아
도 매우 훌륭했어. 쿠바만큼 모든 국민이 골고루 의료 혜택을 받
는 나라도 없었지. 아이티에서 온 폴에게는 모든 것이 부러울 따
름이었어. 쿠바 사람들은 누구나 어렵지 않게 의사에게 진료를 받
을 수 있어서 폴은 쿠바에 오면 정말 깊이 잠들 수 있다고 이야기
할 정도지.

폴은 쿠바 인들의 진심어린 환대를 받으며 매우 감격했고, 어느
날 트레이시에게 왜 쿠바 사람 모두가 자신을 환대해 주는지 물었
어. 매우 간단한 질문처럼 보이지만, 여기엔 폴의 걱정이 그득 담
겨 있지. 아니나 다를까, 트레이시는 이렇게 대답했단다.

"그건 폴이 평소에 쿠바를 포함해 중남미 국가에 대한 미국의
잘못된 정책을 여러 저서를 통해 비판했기 때문 아닐까요? 그리
고 폴이 쿠바의 공중 보건과 의학 수준에 늘 찬사를 보냈고, 쿠바
의과대학과 하버드 의학대학원을 연결시키려고 노력도 했으니까
요. 아! 그리고 닥터 호르헤가 폴이 가는 곳마다 내 친구라고 소개
해서 그런 게 아닐까요?"*

폴의 얼굴은 완전히 굳어 버렸어. 그러고는 아주 단호하게 이야

기했지.

"음, 나는 그것이 아이티 때문이라고 생각해요. 내가 아이티에서 가난한 사람들을 위해서 일하기 때문이에요."*

폴은 쿠바를 진심으로 좋아했지만 미국에서 보았을 때, 그가 정치적으로 친쿠바 인사처럼 비춰질까 봐 걱정이었던 거야. 그렇게 되면 파트너스 인 헬스 이미지가 나빠져 기부금이 끊길 수 있으니까. 폴은 자신의 안위보다 아이티에 있는 환자들이 먼저였어. 폴이 쿠바의 의료 정책에 감탄하고, 쿠바의 의사들이 폴을 감탄해 마지않는 것은 가난한 환자에 대한 서로의 따뜻한 마음 때문이야. 그들이 어느 나라에 있든 누구를 치료하든 그건 문제가 되지 않았어.

짧지 않은 시간 동안 폴과 동행하면서 그를 지켜본 트레이시는 폴과 같은 삶을 살지 못한 것에 시기심과 부러움에 휩싸인 적이 있었다고 솔직하게 고백해. 하지만 지금은 폴을 정말 오래된 친구처럼 느낀다고 이야기하지.

"이제는 폴을 우상처럼 숭배하거나 그러지는 않지만, 난 이 지구라는 행성에 폴과 함께 살고 있다는 것을 매우 감사하게 생각합니다."*

진실을 전달한다는 것은 때론 굉장히 어려운 일이야. 기자와 학자는 종종 폴의 순수한 마음을, 그의 행동을 있는 그대로 전달하지 않고 약간의 틈을 남겨 놓곤 해. 왜냐하면 폴의 헌신적인 삶이 독자에게 삶에 대한 비판, 자괴감, 회의 등으로 연결될 수 있기 때문이야. '폴이 이렇게 살 동안 난 무엇을 했지?', '나는 어려운 이웃을 거들떠보지도 않았잖아!' 이런 식으로 말이야. 그래서 폴의 이야기를 전하는 사람들은 '폴처럼 사는 건 불가능해. 폴의 좀 성격이 독특한 거지.'라며 도망갈 구멍을 열어 놓곤 해. 오히려 폴은 사람들이 스스로 자신의 삶을 들여다봄으로써 괴로워하길 바랐어. 세상에는 버림받고 고통 받는 사람들이 너무나도 많이 존재한다는 것을 거짓 없이 보여 주고 싶었거든.

이런 폴이지만 주의하는 것이 딱 하나 있어. 바로 너희와 같은 어린 학생들의 반응이야. 너희에게 폴의 삶은 어떻게 다가오니? 아마도 그의 삶이 비현실적으로 느껴질 거야. 폴처럼 살고 싶은 생각이 들다가도 자신은 그럴 수 없다고 좌절하고 말지. 어떤 학생은 폴에게 "당신의 신념에 동의하지만 나는 당신처럼 살 자신은 없어요."라고 메일을 보내기도 했어.

폴이 자신의 삶을 통해, 또 파트너스 인 헬스를 통해 너희에게 보여 주려는 것은 무엇일까? 그건 아주 간단해. 미래의 너희가 가난한 환자의 삶을 개선해 주었으면 하는 바람이야. 폴은 끊임없이 가난한 나라에서 고통 받는 환자를 가리키고 있었어. 그런데 학생들은 폴처럼 되기 위해 그만 바라보고 있었나 봐.

"난 내가 하고 있는 일을 똑같이 따라서 하라고 한 적이 없어. 그저 이런 일들을 누군가는 꼭 해야만 한다고 말했을 뿐이야."*

이런 폴이기에 자신을 둘러싼 오해와 원치 않는 싸움을 해야만 하는 경우도 있지. 물론 그때마다 지혜롭게 잘 헤쳐 나갔지만, 그런 상황은 언제나 피할 수는 없는 숙제로 남았지. 사실 폴이 진짜 싸워야 할 대상은 따로 있었어. 너희도 짐작할 테지만, 그건 바로 의학 및 공중보건 전문가와의 싸움이야. 폴이 아이티와 페루, 러시아 등 세계 각지에서 시행하고 있는 의료 활동은 그들이 보기에 도무지 이해가 되지도, 따라할 수도 없는 부분이 많아. 가난한 나라에서 에이즈와 결핵을 무료로 치료하겠다고 공언하는 폴이 비현실적으로 보였을 테니까. 쿠바에서 열린 에이즈 국제회의에서도 폴은 이러한 오해를 풀기 위해 애를 썼지.

"끝으로 세계에서 가장 가난한 나라 아이티의 시골에서 결핵과 에이즈를 막는 방법이 무엇이라 생각합니까? 제3세계 후진국 여성들이 가지고 있는 미신, 예를 들면 질병이 악령이 저지른 마술로 오해하는 것들을 없애는 것일까요? 아니요. 전혀 그렇지 않습니다. 오히려 그 반대입니다. 이들로부터 전염병 확산을 막는 길은 제1세계 선진국 전문가들이 가진 미신을 타파하는 겁니다. 그러니까 아이티의 여성들이 에이즈에 감염되는 것을 스스로 막을 수 있을 만큼 능력이 있다고 믿는 그런 착각 말입니다."*

폴이 오늘날 이렇게 세계 각지에서 의료 활동을 펼칠 수 있었던 건 아이티를 만나고 나서부터야. 그의 다음 행보 역시 아이티에서의 새로운 활동으로 이어져.

에이즈 무상 치료에
도전하다

의학자로서 여러분이 어떤 길을 선택하든 여러분에게는
자신의 소망이 가리키는 모든 이들을 살펴볼 의무가 있습니다.

2008년 툴레인의대 졸업식

폴은 지치지 않는 추진력으로 아이티와 아프리카에서 에이즈 환자의 무상
치료에 나섰어. 당시엔 비용 문제 때문에 에이즈의 치료보다는 예방에 중점
을 두자는 분위기였는데, 폴과 동료들은 이 분위기를 단숨에 바꿔 놓았지.
그들이 아이티와 아프리카에서 거둔 성과는 그야말로 기적과 같았단다.

아이티에서 에이즈 무상 치료를 시작하다

2002년은 폴에게 매우 감격적인 한 해였어. 아이티의 에이즈 환자를 도울 수 있는 국제 기금을 받을 수 있었거든. 그는 감동의 눈물을 흘렸지. 사실 폴은 2000년부터 세계 최초로 아이티 빈민 지역 에이즈 환자들에게 고가의 항바이러스 치료제를 무상으로 제공하는 프로젝트를 시작했어. 비용이 만만치 않았지. 그때까지만 해도 톰 화이트의 남은 재산과 개인 기부자의 기부금으로 치료 비용을 대고 있었는데, 점차 지원 대상자가 많아지면서 자금난에 시달렸지. 그런데다가 미국이 아이티 정부에 대한 원조를 차단하는 데 앞장서고 있었어. 어느 국제기구는 이로 인해 아이티에 식수, 도로, 교육 및 공중 보건의 투자 계획을 완전히 철회해 버렸지. 아이티는 국가 전체적으로 외부에서 들어오는 원조가 줄어들었고, 2002년에 들어서자 아이티 중부에 있는 보건소가 모두 폐쇄되는 지경에 이르렀어.

"가끔은 이러다 내가 미쳐 버리는 게 아닐까 생각했어요. 그리고 깨끗한 식수를 주지 않은 것이 내가 모르는 어떤 장점이 있는 건 아닌가 하는 의구심까지 들었다니까요."*

이러한 상황에서 지원금을 받았으니 어찌 기뻐하지 않을 수 있었겠어. 폴이 아이티에서 5년간 에이즈 환자 치료 사업으로 지원

받은 금액은 1,400만 달러였어. 이 지원금으로 폴이 가장 먼저 집중한 사업은 에이즈에 감염된 산모로부터 태아가 HIV에 전염되는 것을 막는 것이었어. 폴과 그의 동료들이 아니었다면 그 누구도 엄두조차 내지 못했을 거야. 구체적으로 어떤 일인지 살펴보자.

당시 아이티 농촌 여성 중 5퍼센트가 에이즈에 감염된 것으로 추정돼. 폴과 동료들은 이들을 찾아내기 위해서 무려 50만 명이나 되는 농민을 대상으로 에이즈 교육을 실시했어. 그런데 이 지역은 도로도 제대로 갖추고 있지 않은 산악 지대이고, 농민들은 이곳저곳에 흩어져 살고 있었지. 힘들게 에이즈에 감염된 산모를 찾아내면, 산모에게는 임신 중 9개월 동안 하루 두 번씩 예방약을 공급하고, 태어난 아이에게는 일주일 동안 하루 두 번씩 약을 공급해 주었지. 그뿐만이 아니야. 모유를 통해서도 전염될 수 있기 때문에 모유 대신 아기에게 먹일 분유를 적어도 9개월 동안 제공해야 했지. 또 분유를 먹이려면 깨끗한 식수가 공급되어야 하니까, 수도 시설을 마련하는 것까지 사업은 확장되었어. 단순히 치료약을 처방하는 데서 그치는 일이 아니었지.

본격적으로 아프리카에 진출하다

2005년 폴은 이제 40대 중반에 들어섰어. 당시 폴의 상황은 이랬어. 그는 가족과 떨어져 기러기 아빠처럼 산 세월이 10년이 되었고, 아내는 프랑스에서 박사 학위를 마무리하고 있었고, 딸은 일곱 살이 되어서 초등학교에 입학할 나이가 되었지. 그동안 미국, 아이티, 페루, 멕시코, 러시아 등 많은 나라에서 파트너스 인 헬스가 안정적으로 정착했어. 폴은 의사로서 또 의료인류학자로서 어느 정도의 명성도 쌓았고 말이야.

  이쯤 되면 누구라도 조금은 안정적인 삶이 그리워질 거야. 20년이 넘도록 하루를 한 달같이 바쁘게 살아온 폴은 더더구나 그런 생각이 들지 않았을까. 그런데 행동파 폴은 2005년부터 르완다를 시작으로 본격적으로 아프리카의 에이즈 사업에 뛰어들었어. 그럴 줄 알았다고? 그럼 폴이 어떻게 아프리카로 날아갔는지 알아보자.

  폴은 2001년 영국 의학 저널 더 랜싯THE LANCET에 '자원 부족 환경에서 지역 사회를 기반으로 한 HIV 치료'에 대한 논문을 발표했는데, 이 논문이 폭발적인 관심을 얻게 돼. 전 세계에서 많은 문의 메일이 오고, 연락을 받았지. 에이즈를 치료하는 의사는 많을 텐데, 왜 유독 폴에게 연락이 폭주했을까. 의아하지? 폴이 다른 의사와 다른 건 아이티와 같은 가난한 나라에 확산된 에이즈 환자를 치료한다는 점이야. 당시에는 비용 문제 때문에 에이즈의 치료보다는 예방에 중점을 두자는 분위기였어. 약값도 비싸고 약물 복용도 까다로운 이 치료를 자원이 부족한 가난한 나라에서 시행한다는 것은 불가능한 것으로 여겨졌거든. 에이즈 환자를 치료하는 것보다 예방 사업에 투자하는 것이 28배나 효과적이라는 주장도 그리 허무맹랑한 시절이 아니었어.

그런 중에 폴은 파트너스 인 헬스 동료들과 함께한 아이티에서의 과감한 도전을 논문으로 발표했고, 그게 큰 반향을 일으켰던 거야. 폴과 동료들은 페루에서 다제내성 결핵 환자를 치료한 경험을 바탕으로 아이티에서 에이즈 환자의 약물 치료를 시작했어. 이것은 비용 효과성이라는 세계 의료계에 만연한 통념에 반기를 든 큰 사건이었어. 쉽게 이야기하면 '가난한 지역에서 다제내성 결핵과 에이즈는 치료 불가능한 질병이다.'라는 기존 상식을 보기 좋게 깨트린 거야.

폴은 오랫동안 가난한 나라에서 에이즈 환자를 진료해 왔지만, 그 어떤 자료에서도 치료보다 예방이 훨씬 효과적이라는 사례는 찾을 수가 없었어. 그래서 과감히 아이티 시골 마을에서 에이즈 치료 시범 사업을 시작했고, 그 결과 뛰어난 성과를 이뤘지. 이런 그의 경험이 논문을 통해 공개됐으니, 이곳저곳에서 관심을 가진 건 당연한 일이었을 거야. 특히 에이즈 환자가 많은 가난한 나라에서는 더욱 큰 관심을 가졌겠지. 아프리카도 예외가 아니었을 테고.

폴은 아프리카 르완다에서부터 사업을 시작했어. 그 이유는 여러 가지가 있지만, 일단 르완다의 상황이 객관적으로 매우 좋지 않았지. 1994년 르완다에서는 양대 부족 간 유혈 내전이 일어났고, 대학살로 인해 100만 명 이상이 죽었어. 소수파로서 지배층을 형성해 온 투치 족과 다수파 피지배계층인 후투 족이 국가 통치권을 둘러싼 전쟁을 벌였던 거야. 2010년을 기점으로 국가가 겨우 안정 분위기에 접어들었으니, 그간 르완다의 국가 시스템은 엉망진창이었지.

폴은 르완다가 여러 면에서 아이티와 매우 유사하다고 생각했어. 면적도 매우 비슷했고, 전체 인구의 800만 명 정도가 산악 지대에 밀집해 사는 것도 마찬가지였지. 르완다는 이런 험한 산악 지대로 인해 '천 개의 언덕의 땅'이라는 별명도 갖고 있어. 그리고 과거에 아이티가 프랑스의 식민지였다면, 르완다는 벨기에의 식민지였지.

이러한 이유로 르완다에는 뿌리 깊은 가난이 계속되었고, 식민지 통치 이후엔 폭력이 일상화되었어. 에이즈와 결핵, 말라리아 등도 유행했지. 1983년 르완다에서 에이즈 환자가 처음으로 보고되었는데, 이것도 아이티와 유사한 시점이었어. 또 소리 없이 확산되고 있는 결핵은 매우 큰 골칫거리였단다. 폴이 집중한 부분은 이런 질병 문제였지. 종족 간 전쟁으로 온 나라가 쑥대밭이 됐을 때, 보건 시스템도 예외가 아니었어. 이후에 질병이 널리널리 퍼져 나갔고, 특히 에이즈는 그중에서도 위험한 수준까지 확산되고 말았어.

2005년 5월, 폴이 르완다에서 에이즈 사업을 시작할 당시 르완다 젊은이의 사망 원인 1위가 에이즈였어. 이러한 수치로 인해 르완다는 폴뿐만이 아니라 폴의 동료 짐이 몸담고 있던 세계보건기구에서도 크게 관심을 가지고 지켜보았지. 그러니 에이즈 전문가인 폴이 르완다를 모른 척 지나간다는 것은 그 자체로 불가능한 일이었을 거야.

폴은 오래전부터 아프리카에서 어떠한 방식으로든 활동하고 싶었다고 해. 그의 발목을 잡은 건 단 하나, 치료 비용이었어. 그래서 기부금을 조달하려고 백방으로 노력했지만 번번이 실패하고 말았지. 그러나 두드리면 언젠가는 열린다고 하지? 폴은 빌 클린턴 전 미국 대통령이 운영하는 클린턴 재단으로부터 300만 달러의 후원금을 얻었어.

이제 남은 건 르완다 정부를 설득하는 일이었지. 폴이 무려 3년이나 노력한 끝에 르완다 정부로부터 간신히 허락을 받았어. 소수의 에이즈 환자를 일시적으로 치료하고 철수하는 방식이 아니라 병원을 짓는 등 치료 기반 시설을 설립하는 데 기여하겠다는 다짐을 하고 나서 말이야. 2004년 10월, 폴은 드디어 르완다 정부 관

폴 파머, 세계를 치료하다

계자와 함께 현지 조사에 나섰어.

"그때 정부 관계자는 나와 동료를 르완다 북쪽 지역으로 데리고 갔어요. 그리고 병원 하나를 같이 둘러봤는데 이러더군요. '음, 여기는 깨끗하군. 엑스레이도 작동하고. 여긴 너무 쉬워 보이네.' 그러면서 르완다에서 가장 가난한 지역인 르윈콰브에 있는 폐허 같은 병원에 우리를 던져 버렸죠."◆

폴은 2005년 5월 르윈콰브병원Rwinkwavu Hospital에서 첫 사업을 시작하게 돼. 르윈콰브 지역은 인구가 40만 명이나 되었지만 의사가 단 한 명도 없었어. 병원 건물은 있었지만, 십여 년 간 빈 공간으로 방치되어 있었거든. 병원은 과거 벨기에 식민지 시절 탄광 회사 건물이었다고 해. 그곳에서 폴은 건물 안을 새로운 약품으로 채우고 함께 온 세 명의 의사와 함께 진료를 보았지.

폴과 동료들이 그곳에 나타나자마자 환자들이 몰려들기 시작했대. 그래서 건물을 새로 정비하면서 동시에 환자를 치료해야만 했다는구나.

그로부터 1년이 지난 후 르윈콰브병원에는 150명의 직원이 상주했고, 100개의 침상이 마련되었다고 하니 실로 대단하지 않니? 폴은 병원에 환자가 너무 많이 몰려서 건물이 흔들거릴 정도였다고 장난스럽게 표현할 정도였어. 이렇게 지역 병원 재건을 시작으로 에이즈 치료 사업과 기초적인 의료 사업에도 착수했어. 르완다는 비록 모든 자원이 부족한 나라였지만, 아이티에서 쌓은 소중한 경험으로 어려움을 헤쳐 나갈 수 있었지.

특히 아이티에서 온 폴의 동료들은 자신들의 경험을 전수하려 헌신적으로 노력했고, 그 결과 사업을 시작한 지 1년이 안 되는 시점에 약 1,000명의 에이즈 환자를 약물로 치료하는 성과를 올렸어. 그와 동시에 폴이 중점을 두었던 건 지역 사회 보건 인력의 양성이었지. 현지인들은 열성적으로 폴과 동료들의 가르침을 배우려 했고, 이웃에게 적극적으로 활용하려고 노력했어.

그런 노력이 합쳐져 폴이 기대한 것 이상의 결과를 가져왔지. 민족의 내전으로 사라져 버렸던 이웃 간의 유대감도 돌아왔거든. 이건 열악한 환경이 지속되던 르완다에 매우 중요한 변화였어. 폴은 질병의 발생과 그 치료에 있어서 이러한 변화가 얼마나 중요한지를 페루와 아이티의 사례를 통해 깊이 깨닫고 있었지.

"나와 동료들은 아프리카에서 질병과 싸우지 않는 한 이곳의 가난과 싸울 수 없을 거라고 생각해요. 그리고 동시에 가난과 싸우지 않는다면 질병과도 싸울 수 없다는 것도요."◈

지역 사회 보건 인력 양성

이렇게 르완다에서의 활동이 1년 지났을 때, 그곳은 폴에게 조금 남다른 의미로 다가오게 되었어. 결정적 계기는 바로 그의 아내 디디였어. 디디 베르트랑은 프랑스에서의 인류학 박사 과정을 마치고 여덟 살이 된 딸 캐서린과 함께 2006년 르완다로 들어왔지. 그녀는 파트너스 인 헬스의 현지 자매단체인 '인슈티 무 부지마Inshuti Mu Buzima'에서 지역 사회 보건 사업 책임 운영자로 일을 시작했어. 폴과 디디는 르윈콰브병원에서 태어난 지 일주일 된 여자아이 엘리자베스를 입양했고, 6개월 뒤에는 아들 찰스 세바스찬을 얻었지. 세 아이의 부모가 되어 가족이 함께 사는 르완다는 폴에게 제3의 고향이 된 셈이야. 아내 디디는 여성 인권 운동에도 매우 열성적이었지. 그녀는 지역 사회 보건 인력을 육성하는 것이 매우 중요하다는 데에 있어서 항상 폴과 의견을 같이했어.

"가난한 지역의 기초적인 의료 서비스를 확대시키는 데 있어서 지역 사회 보건 인력은 정말 없어서는 안 될 부분이에요."

르완다에서의 의료 활동은 이렇게 여러 가지 요인이 잘 어우러지면서 많은 성과를 냈어. 그와 동료들은 2년 동안 2,500명 이상의 HIV 감염 환자에게 약물 치료를 시작했으며, 800명 이상의 지역 사회 보건 활동가를 훈련시켜서 고용했지. 2006년 한 해 동안 10만 명 이상의 환자를 돌봤고, 35채 이상의 새 집을 지어 주고, 400여명 이상의 학생들에게 교육비를 제공하는 등 굉장히 다채로운 사업을 동시에 진행했어.

레소토의 지역 사회 보건 인력은 매월 교육을 받는단다.

그 외에도 르윈콰브병원 수술실을 새롭게 정비하고 소아 병동을 처음으로 설치했어. 또한 시골 마을의 보건소를 재정비하고, 에이즈와 결핵 환자에게 적절한 영양분을 공급해 주는 음식물 배달 사업까지 진행했어.

같은 해에 아프리카 남부에 위치한 나라, 레소토에서도 1차 의료 및 에이즈와 결핵 환자 치료 사업을 시작했고, 그다음 해인 2007년에는 아프리카 남동부에 위치한 나라, 말라위에서도 같은 사업에 착수했어. 일일이 열거하기 어려울 정도로 폴과 동료들은 엄청나게 많은 일을 실행에 옮겼어. 불도저처럼 밀고 나가는 그들 앞에 불가능이란 없어 보였지.

하지만 세상일이란 건 그 누구도 예측할 수 없어. 2010년 아이티에서 너무나도 끔찍한 일이 그들을 기다리고 있었어.

아이티의
대지진에 맞서다

인간의 가장 고귀한 감정인 연대감이 없다면
선한 의지도 어디론가 흩어져 버립니다.

2010년 하버드 의학대학원 초청강연회

폴에게 고향과도 같던 아이티가 2010년 대지진으로 완전히 무너져 버렸어.
아이티 전문가인 폴에게 연락이 폭주했지. 절망의 현장에서 희망을 건져 올
리는 폴의 고군분투와 그가 젊은이들에게 전하는 메시지를 들어 보자.

아이티가 사라져 버리다

40대 중반을 아프리카에서 헌신한 폴에게 50대를 맞이하는 2010년은 적지 않은 의미로 다가왔을 거야. 폴 자신의 인생에 새로운 의미를 부여할 시점이 다가왔지. 그때 그와 아내 디디의 삶이 송두리째 바뀌는 일이 생겼어. 2010년 1월 12일 오후 4시 53분, 이들의 고향 아이티에 강도 7.0의 강력한 지진이 발생했어. 수도 포르토프랭스가 완전히 파괴되고, 약 30만 명이 사망, 130만 명이 넘는 사람들이 집을 잃어버렸어. 당시 디디의 아이티 친구는 그녀에게 전화로 아이티가 멸망했다고 외쳤다고 해.

폴의 가족이 두 달 동안의 아이티 방문을 마치고 르완다에 도착한 그날 지진이 발생했어. 폴의 머릿속에는 아이티의 기억이 생생히 남아 있는데 그곳이 한순간에 파괴되어 버렸다니! 믿을 수 없었을 거야. 아이티 현지의 가족과 친척, 그리고 사랑하는 친구와 동료들이 폴의 머릿속을 스쳐 갔어. 그들이 살아 있을까?

폴은 지진 소식을 듣자마자 친한 친구 중 한 명인 아이티대학종합병원 의사 알릭스 라세그에게 전화를 했지. 그렇지만 수화기 너머로 녹음 메시지와 불안한 신호음만 들렸어. 폴은 그때서야 친구가 일하는 병원이 지진 발생 지역의 중심에 위치해 있다는 것을 알았지. 정부 기관이 둘러싸고 있는 아이티대학종합병원은 의과대학과 간호대학까지 갖춘 대형 병원이었어. 실시간 뉴스를 통해 폴은 병원 건물이 전부 붕괴된 현장을 목격했어. 지진이 일어났을 시간은 병원과 학교가 진료와 수업으로 바쁠 때였지.

폴은 이제 의료를 제공하는 사람으로서 자신들이 해야 할 일이 완전히 변하게 될 거라는 걸 명확하게 느꼈어. 그런데 지금 당장 무엇을 해야 하지? 그런 의문이 들었다고 해. 무엇부터 해야 할지 전혀 감이 오지 않았으니까 말이야.

수도 없이 전화 연결을 시도한 끝에 폴은 친구와 통화를 할 수 있었어. 그는 천만다행으로 무사했지. 친구의 생사를 확인한 폴은 곧바로 가장 필요한 게 무엇인지 물었어.

"지금 여기는 시체를 적절히 처리하는 문제만으로도 너무 힘들어."[†]

폴이 전혀 예상하지 못한 답이었어. 아픈 사람을 치료하는 데에만 집중해 왔던 폴에게 이건 완전히 다른 문제였거든. 당시 아이티 상황은 이처럼 끔찍하기만 했어. 이어서 친구는 폴이 원하는 답을 주었지.

"지금 가장 필요한 건 수술 팀이야. 외과의사, 마취과의사, 간호사, 수술 후 관리, 그리고 약품들. 아, 그리고 발전기도 필요해."[†]

그 시각 폴을 찾는 전화가 끊임없이 이어졌어. 아이티와 관련해 폴만큼 전문가가 없었기 때문이지. 그날 저녁 빌 클린턴 전대통령

아이티 대지진으로 포르토프랭스에 위치한 대통령궁도 무너져 내렸어.

국제연합군 차량이 대지진으로 혼란스러운 포르토프랭스 거리를 순찰하고 있어.

으로부터 직접 전화가 왔어. 아이티와 관련해서 유엔 비상회의를 소집해야 하니, 내일 뉴욕으로 와 달라는 내용이었지.

빌 클린턴은 2009년 5월부터 유엔의 아이티 특사로 임명되어 활동하고 있었어. 다음 날 뉴욕에 있는 유엔 본부에서 폴은 빌 클린턴과 반기문 유엔사무총장 등과 함께 대책 회의를 했지. 그런데 폴은 마음이 편치 않았어. 행동파 폴이 있어야 할 곳은 그곳이 아니었기 때문이지.

"내가 여기서 도대체 뭘 하는 거지? 의료진의 손길이 무엇보다도 시급한 이때에 여기 회의장에 앉아서 내가 뭐 하고 있는 거지?"†

회의를 서둘러 마친 다음 날 폴은 폐허가 된 아이티로 들어갔어. 지진이 일어난 지 3일 만의 일이었지. 민간 비행기를 타고 동료 의사와 다른 외과의사 몇몇과 함께였지. 도착하자마자 장미 라장테에서 일하는 동료 의사를 모두 집결했고, 본격적으로 구조 활동 및 치료에 나섰단다.

폴은 지진 발생 이후 며칠 동안은 구조 이외의 것을 생각하는 것이 신성 모독처럼 느껴졌다고 해. 건물을 세우고 새로이 시스템을 복원하는 등 앞으로 닥칠 힘든 일을 생각할 틈이 전혀 없었지. 폴과 동료들은 그저 눈앞에 벌어지고 있는 고통을 줄이는 데에 집중했어. 그들은 일초의 쉼도 없이 일사분란하게 움직였어. 장미 라장테는 지진 현장 근처에 천막을 치고 외상 환자를 치료했지.

폴 파머, 세계를 치료하다

지진 이후 포르토프랭스에 도착한 빌 클린턴 전 대통령의 모습이야.
그는 신문 기고와 방송 출연 등을 활발하게 하면서 아이티에 대해 일회적인 구호나
구조 활동이 아닌 중장기적인 국가 재건 지원을 호소하고 하고 나섰어.

그리고 해외 여러 국가에서 들어오는 기부 물품을 정리하고 효율적으로 분배했어. 기부금도 당장 필요한 곳에 우선적으로 운용하는 등 상황은 매우 급박하게 돌아갔어.

그렇게 지진이 발생하고 2주 정도 지나자 폴은 앞으로의 계획을 체계적으로 정리하지. 지진 피해자를 계속해서 구제함과 동시에 임시로라도 안전한 학교와 병원을 세워야 했고, 조만간 닥칠 장마철을 대비해 폭풍에도 견딜 수 있는 주거 시설을 만들어야 했고, 농사철을 대비해 씨앗을 준비하고, 콜레라 및 다른 수인성 질병의 창궐에 대비해야 했어.

불행히도 이중 한 가지가 아이티를 또 다시 재앙에 몰아넣었어. 콜레라가 창궐하고 만 거야. 약 100년 만에 콜레라가 아이티에서 발병했어. 콜레라는 균이 포함된 분변, 토사물 등에 의해 오염된 음식이나 물을 먹고 마심으로써 걸리는 질병이야. 수많은 공공시설이 붕괴되었기 때문에 아이티의 위생 상태는 좋지 않았고, 깨끗한 식수를 구하는 것도 쉽지 않았을 테니 어찌 보면 이는 당연한 결과야. 폴은 이러한 일이 계속될 것이라고 경고했어. 아이티 도시 지역의 식수가 주민들의 대소변으로 인해 오염되고 있다는 사실을 알았거든.

"어떻게 보면 콜레라가 오랫동안 우리를 기다리고 있었는지도 몰라요. 정말 예전부터 철저히 준비해야 했어요."[+]

2010년 10월 이후 아이티 전역에 콜레라가 유행했고, 총 74만 4,000명이 감염되었지. 콜레라에 감염되면 구토와 설사를 계속하다가 급속하게 탈수가 진행되어서 심할 경우 사망에 이르기도 해. 적절히 치료를 하면 사망률이 1퍼센트도 안 되지만, 그렇지 못할 경우에는 사망률이 50퍼센트에 다다르는 무서운 질병이지. 당시 아이티는 콜레라로 약 9,000명이나 되는 사람들이 목숨을 잃었어. 파트너스 인 헬스는 시급히 콜레라 치료소를 개설하고, 대규모 지역 사회 사업을 추진하여 약 2만 명의 콜레라 환자를 치료했어. 2012년 봄부터는 아이티에서 최초로 콜레라 경구용 백신 사업을 진행해 거의 10만 명에 육박하는 인원에게 제공했지.

폴은 유엔 아이티 특사 팀의 일원이기도 했어. 당시 포르토프랭스의 대부분의 병원은 물론 국립간호학교도 붕괴되고, 의과대학은 폐쇄되었지. 이제 장기적으로는 아이티의 이러한 공공 기반 시설, 특히 의료 기관을 다시 세우는 일이 숙제로 남았어. 폴에게 이것은 매우 중요한 임무였단다.

그는 인도주의적 지원에 대해 좀 더 건설적인 비판이 필요하다고 보았어. 이러한 지원이 수많은 생명을 구하고 고통을 완화시켜 준 것에 대해 항상 높이 평가하지만 이제 아이티 인들이 더욱 잘 일어설 수 있게 개발 분야에 지원이 필요하다고 했지.

"지원의 초점이 구제relief에서 이제는 재건reconstruction으로 전환되

어야 한다고 본 거예요."†

폴은 파트너스 인 헬스 동료들과 함께 아이티의 미레발레에 병원 수립을 계획하지. 이곳은 최상의 의료 서비스를 제공하는 것은 물론 전공의를 수련시키는 국립 수련병원 및 아이티의 주요 기간시설로서 기획되었어. 2013년 3월 드디어 포르토프랭스에서 북쪽으로 약 48킬로미터 떨어진 곳에 미레발레대학병원이 문을 열어. 총 공사 비용 1700만 달러에 300개의 병상을 지닌 18,580제곱미터(약 5,600평)의 대형 병원이야. 지붕에 설치된 태양열 전지판을 통해 낮 시간 동안 필요한 에너지를 100퍼센트 생산해 내는 시설도 갖추고 있어. 이 병원은 수백 개의 일자리를 창출했고, 직원의 상당수는 평생 고용을 보장받고 있지.

폴에게 미레발레병원은 단순히 현대 시설을 갖춘 병원 그 이상의 의미를 지니고 있어. 그는 미레발레병원에 대한 소감을 이렇게 이야기했어. 한번 차근차근 읽어 보렴.

"여전히 회복을 위한 노력이 한창 진행 중이다. 미레발레병원도 이제 전체 공사의 3분의 1 정도를 마쳤다. 수백 명의 노동자들이 현장에 머물며 일하고 있다. 어떤 이들에겐 이 병원이 그저 공사 중인 건물로 보일 테고, 혹은 수많은 프로젝트 중 하나로 보일지 모른다. 그렇지만 나는 아니다. 이것은 더욱더 훌륭한 세상을 새롭게 건설하고자 하는 우리의 열망과 아이티 인들과 그들의 역

2011년 르완다 부타로병원 개원식에서
르완다 대통령인 폴 카가메와 폴 파머가 악수를 하고 있어.

부타로병원의 모습이야.

사에 대한 존경의 상징과도 같다. 그리고 우리는 희망한다. 이 병원이 죽은 모든 이들을 위한 우리의 존경과 사랑을, 그리고 과학과 의료의 혜택을 아이티 인들이 마음껏 이용할 수 있기를 바라는 우리의 염원이 담긴 하나의 신전이 되기를 말이다. 지진의 상처는 영원히 지속될 것이다. 그렇지만 그로 인해 생겨난 결속력 또한 영원히 이어질 것이다."[†]

우리는 하나의 세상 속에서 살아가고 있어

폴은 지진과 같은 대재앙 앞에서 개인의 힘이 얼마나 미약한지 절감했어. 자신이 아무리 훌륭한 의학 지식을 가지고 있더라도 모든 환자를 살릴 수는 없었으니까. 가장 좋은 방법은 시간이 오래 걸리더라도 훌륭한 인재를 키워 내는 것이었지.

폴의 이러한 계획은 아이티의 미레발레병원으로부터 시작해 르완다로 이어졌지. 2011년에 파트너스 인 헬스는 르완다 부타로 지역에 수련 병원을 개설해서 아프리카 동부 지역 전체의 의학 교육은 물론 높은 수준의 의료 서비스를 제공하고 있어. 2013년에는 암 환자 치료를 위한 부타로 외래 암센터까지 개설했어.

폴은 미국의 하버드대학병원, 아이티의 미레발레병원, 르완다의 부타로병원에서 미래의 의사들을 키워 내고 있는 셈이야. 이곳에서는 의학 지식만 가르치는 건 아니란다. 그는 학생들에게 국제보건과 사회의학의 중요성을 강조해. 환자와 질병을 이해하고 치료하는 것에서 나아가 폭넓은 시각을 갖게 해 주고 싶었거든.

폴은 질병의 발생을 단순히 개인의 문제로만 보지 않아. 환자는 물론 이를 둘러싼 모든 환경을 볼 줄 알아야 한다고 믿었지. 여기에서 환경이란 국경까지 넘어선 것이었어. 이런 실천의 일환으로 2013년에는 짐 킴 등 동료들과 함께 《국제보건 다시 상상하기 Reimaging Global Health》란 책을 출간해. 그들은 인간이 겪는 고통의 경험은 무척 복잡한 것이기 때문에 이에 대한 이해는 언제나 부분적일 수밖에 없다고 이야기해. 때문에 환자의 고통 앞에서 항상 겸손한 자세를 잃지 말아야 한다고 강조하지. 그 속에는 '우리는 하나의 세상 속에 살고 있다'는 새로운 인식의 전환이 포함돼 있단다.

2014년 에볼라 바이러스가 서아프리카를 강타했어. 역사상 가장 대규모의 발병이었고, 전 세계의 이목이 집중됐지. 폴은 100명의 자원봉사 전문가들과 함께 에볼라 발생 국가 중 하나인 라이베리아로 달려갔어. 사실 에볼라는 통제가 어려운 질병은 아니야. 감염자의 체액과 직접 접촉해야 전염되기 때문에 결핵과 같은 공기 전염성 질환보다 전염력이 약해 의료 시스템이 제대로 작동하기만 하면 확산을 막을 수 있거든.

라이베리아에 도착한 폴은 참혹한 현실과 마주해야 했어. 에볼라 감염이 가장 심한 지역에조차 간호사와 의사가 거의 없었고, 인구가 400만 명이 넘는 나라에 공중 보건에 종사하는 의사가 50명도 채 안 되는 상황이었어. 서아프리카에서 그나마 경제 수준이 나은 국가인데도 사정이 이러 했지. 또한 의료 시설, 진단 기구는 물론이고 포장도로와 전기조차 극히 부족했기 때문에 치료와 질병의 통제가 너무나도 힘들었단다.

폴은 한 언론과의 인터뷰에서 이렇게 말했지. "오늘의 에볼라 사태는 기초적인 의료에 대한 접근성에 있어 심각한 불평등이 오랫동안 지속되었음을 보여 주는 결과입니다." 그리고 이어진 미국과 유럽에 에볼라 바이러스가 전염될 가능성이 있냐는 한 기자의 질문에 "물론입니다. 우리는 지금 지구촌 경제 시대에 살고 있으니까요."라고 대답했어.

폴은 이렇게 질병의 발생이 단순히 바이러스의 문제가 아님을 증명하고, 이는 무심코 지나쳐선 안 되는 우리 지구촌의 문제임을 말하고 있어.

국적이나 국경은 이전부터 그에게 무의미했어. 여전히 아이티 캉주에 있는 병원에서 진료를 하고, 끊임없이 글을 쓰고 보건 사업을 구상하는 행동파 폴은 지금 이 시간에도 세계 어디든, 그를 필요로 하는 곳이면 주저 없이 달려간단다.

세상에 폴의 메시지가 울리다1 ;
"환자를 찾아가 설거지를 도와주세요!"

　행동파 의사로서 세계 곳곳을 누빈 폴은 노벨평화상 후보로 자주 거론돼. 스스로 '내 식사량의 32퍼센트는 항공사의 땅콩 봉지'라는 농담을 할 정도로 그를 필요로 하는 곳이 참 많기도 하지. 빌 클린턴은 폴을 우리 시대의 슈바이처라고 소개하며 "더 많은 젊은 이들이 영감을 얻어 그의 활동을 이어 갈 수 있도록 그의 업적이 노벨상으로 인정받아야 한다"고 이야기해. 그의 친구이자 동료인 짐 킴은 "그보다 더 도전적이고 영감을 주는 멘토는 없다"고 하지.

　그는 미국 젊은이들이 손에 꼽는 멘토이기도 해. 그래서 많은 대학교에서 그에게 연설을 부탁해 왔지. 폴은 자신의 경험을 바탕으로 대학 졸업을 앞둔 학생들, 특히 앞으로 의학과 공중 보건학에 전념할 이들에게 강렬한 이야기들을 들려주곤 한단다. 그의 이러한 연설을 묶은 책이 《세상은, 이렇게 바꾸는 겁니다 : 젊은이들에게 전하는 폴 파머의 메시지To Repair the World: Paul Farmer Speaks to the Next Generation》야. 그중 너희에게 가장 먼저 소개하고픈 이야기를 한 문장으로 표현하면 바로 이거야.

　"환자를 찾아가 설거지를 도와주세요!"

　폴은 2003년 6월 5일 하버드 의학대학원 졸업 기념행사 연설에서 '학생 때의 결심을 현장에서 직접 실천할 것'과 '환자의 집에 자주 방문할 것'을 당부했지. 집 안에서 나올 수 없는 환자를 찾아가 설거지를 돕고, 무너져 가는 집에 사는 환자에겐 비를 피할 수 있는 튼튼한 양철 지붕을 만들어 주는 마음 자세를 지녀야 한다고 덧붙였어.

그렇다면 폴은 어땠냐고? 그는 무려 일곱 시간이나 아이티의 험한 산길을 걸어 결핵 환자의 집을 찾아간 적이 있어. 이런 도보 여행은 폴에게 일상적인 일이지. 환자를 자신의 두 눈으로 확인해야 어떤 도움이 필요한지 알 수 있으니까 말이야. 누군가는 그의 당부가 의사에겐 너무 비효율적이라고 할지도 몰라. 하지만 폴은 보잘것없는 허드렛일을 기꺼이 해내는 마음 자세야말로 아이티 캉주와 같은 곳에서 공중 보건 사업을 성공시킬 수 있었던 요인이라고 이야기해. 그런 마음 자세는 환자의 치료에 있어서 첨단 의학 지식과 기술을 제공하는 것만큼이나 중요하거든.

여기서 폴이 궁극적으로 보여 주고자 한 건 '아꼼빠니에또 accompagnatuer' 정신이야. 아꼼빠니에또는 아이티 어인데, 이를 우리나라 말로 표현하면 '동반자가 되려는 사람'이야. 어원을 따라 올라가면 라틴어 'ad+cum+panis'를 조합한 것으로 '빵을 나눠 먹는다.'라는 뜻이란다. 폴은 자신이 아이티와 그 밖의 가난한 나라에서 의료 활동을 해 올 수 있었던 건 이 동반자 정신 때문이라고

르완다의 지역 사회 보건 인력이 다제내성 결핵 환자의 집을 방문하고 있어.
파트너스 인 헬스가 시행하고 있는 아끔빠녜에또 프로그램의 일환이야.
이들은 환자를 찾아가 약물을 제대로 복용했는지 확인하고,
환자와 가족의 의견을 들으며 정신적인 지지까지 수행하지.
이처럼 동반자 정신의 의미는 상대방과 함께 걷거나 여행하는 것에 가깝단다.

말하지.

"당신이 어디로 이끌지라도 나는 당신의 여정을 함께하며 도울 것입니다. 나는 잠시 동안 당신과 운명을 함께할 것입니다."

동반자는 이런 사람을 가리킨단다. 여기서 잠시라는 건 말 그대로 아주 잠깐 동안의 시간을 의미하는 것이 아니야. 동반이라는 것은 당신이 아니라 상대방이 끝났다고 할 때까지 노력하는 것이지. 폴은 환자가 '그만'이라고 할 때까지 기꺼이 환자와 운명을 함께해.

아이티와 같이 극도로 가난한 나라에서도 의료 혜택은 존재해. 그렇지만 환자가 먹을 음식도, 마실 물도, 그리고 몸을 기댈 제대로 된 집조차 없는 곳에서는 최신 의학도 완벽할 수 없지. 그래서 폴은 이 모든 것을 포괄하는 지원 활동을 시작했고, 이를 '동반자 사업'이라고 불렀어.

폴은 '질병은 가난한 사람을 선호한다.'라는 사실을 누구보다 잘 알고 있었어. 당연히 그가 운명을 함께할 사람들은 모두 가난한 사람들이었지. 일찍이 폴은 '가난한 이들에 우선적인 관심과 혜택을 주어야 한다.'라는 해방신학의 가르침에 크게 영향을 받았어.

"해방신학에서 '가난한 이들을 우선적으로 선택한다.'라는 것은 가난한 사람들이 머무는 곳에 함께하며, 이들의 삶과 죽음, 그리고 생존을 위한 투쟁에 동반한다는 말입니다."

폴은 가난한 환자들의 동반자가 되길 자처했어. 편안한 병원 의자를 박차고 나와 환자에게 도움이 되는 일이라면 아무리 하찮은 일이라도 팔을 걷어붙이고 뛰어들었지. 이러한 마음 자세는 듀크 대학 시절 만났던 율리아나 수녀님으로부터 영향을 받았어.

이제 폴은 당시 자신과 비슷한 나이의 청년들에게 이 마음 자세를 전해 주려해. 난 그것이 "환자를 찾아가 설거지를 도와주세요!" 이 한 문장에 담겨 있다고 생각해.

세상에 폴의 메시지가 울리다2 : "빨간 약을 먹고 꼭 선크림을 바르세요!"

두 번째로 소개할 폴의 연설을 한 문장으로 요약하면 다음과 같아.

"빨간 약을 먹고 꼭 선크림을 바르세요!"

이건 폴이 두 편의 영화 〈매트릭스〉와 〈반지의 제왕〉을 보고 연설한 내용을 종합해서 만들어 본 문장이야. 빨간 약은 〈매트릭스〉에서, 선크림은 〈반지의 제왕〉에서 모티브를 가져왔어. 빨간 약은 '진실의 약'을 뜻하고, 선크림은 '새로운 세상에 다시 떠오를 더욱 더 밝은 태양'을 대비해서 폴이 제안한 것이지. 폴의 이야기를 자세하게 들어 보자.

빨간 약에서 핵심은 '진실'이야. 이 약을 먹는 순간 그동안 보지 못한 진실을 깨닫게 된다는 거지. 그럼 환자를 치료하는 의사에게 진실이란 무엇일까?

폴은 의사가 빨간 약을 먹는다면 이 지구상 곳곳에 불필요한 질병과 고통이 존재한다는 사실이 보일 거라고 이야기하지. 또한 어떤 전염병이 전혀 통제되지 못하고 있고, 끔찍한 응급 상황이 벌어지고 있는지도 알 수 있대. 그리고 과학의 가장 기본적인 성취와 지난 수십 년에 걸쳐 발전한 의학 기술에 접근조차 못하고 있는 사람들도 눈에 들어온다고 해. 폴이 끊임없이 직면해 온 진실은 바로 그런 것이지. 지금도 많은 사람들이 결핵과 말라리아, 에이즈와 같은 질병으로 죽어 가고 있어. 하지만 우리는 그러한 사실을 알지 못해. 우리 눈에 그것은 보이지 않으니까. 그렇지만 빨간 약을 먹는다면, 즉 남들이 잘 보려 하지 않는 진실을 찾으려 노력한다면 충분히 그 현실과 마주할 수 있어.

남의 고통을 일일이 들여다보기엔 현재 내 상황이 너무 힘들고 지친다고? 폴은 그런 사람들에게 '환자가 되는 것보다' 힘든 일은 없다고 이야기하지. 그럼 빨간 약을 선택하지 못한 건 부끄러운 일일까? 진실을 볼 용기를 내지 못했으니까 말이야. 폴은 그 질문에 이렇게 답한단다.

"이것은 선과 악을 선택하는 문제가 아니랍니다. 단지 선한 일과 조금 더 선한 일 사이의 선택일 뿐입니다."

폴 파머, 세계를 치료하다

폴의 이 가르침은 특히 의사를 꿈꾸는 젊은이들이 꼭 간직했으면 해. 고통 받는 환자를 위해 싸울 수 있는 특권이 주어지는 직업이 의사니까 말이야. 폴이 자주 인용하는 마틴 루서 킹 목사의 말을 들어 보자.

"모든 형태의 불평등 중에서, 의료 혜택에 있어서의 불평등이 가장 처참하고 비인간적이다."

폴이 마주한 현실은 위 격언과 다를 바 없었고, 그는 세상이 숨긴 진실에 당당히 마주섰어. 그렇기 때문에 수많은 의사들에게 좀 더 선한 선택을 하기를 간곡히 요청하는 거란다. 물론 빨간 약을 선택한 폴도 자신을 가둔 쇠창살 우리에서 온전히 벗어나기란 쉽지 않았어.

이 모든 게 여전히 폴이기에 가능한 일이고 우리에겐 힘든 일이라 생각할지 모르겠어. 폴에게는 쇠창살 우리가 벗어나야 할 감옥이었다면, 우리에겐 안전한 보호망처럼 느껴질 수도 있을 테니까. 여기엔 아마도 두려움이라는 감정이 숨어 있을 거야. 진실과 마주했을 때 그 앞에서 무기력한 자신을 보는 것은 굉장한 용기가 필요한 일이거든. 폴은 이러한 두려움에 대해 다음과 같은 실용적인 조언을 해 주었어.

"선크림을 꼭 바르세요!"

앞서 얘기했듯이 이건 영화 〈반지의 제왕〉과 연결되어 있어. 그는 2004년 5월 15일 마이애미 밀러의과대학 졸업식 자리에서 영화 속 다음 두 대사를 소개했지.

"사람들은 도망갈 수 있는 기회가 많았지만 끝까지 흔들리지 않았어요. 그들에겐 꼭 지키고 싶은 것이 있었기 때문이죠. 그것이 무엇인가? 그건 아직 이 세상에 남아 있는 선한 마음이에요."

"새로운 세상은 반드시 올 겁니다. 그리고 다시 떠오를 태양은 이전보다 훨씬 더 밝게 빛날 거예요."

폴이 말한 선크림은 미래에 떠오를 눈부신 태양을 대비하라는 뜻이야. 진실을 대면하기 두려워하는 젊은이들에게 폴 나름의 유머가 섞인 대답인 거지. 폴은 자신의 경험을 바탕으로 미래에는 더욱 더 밝은 태양이 떠오를 것임을 명확히 전달하고 있어.

폴은 이전에도 잠깐 고백한 적이 있지. 정의를 추구하기에 자신이 이미 늙고 지친 게 아닐까 하고 말이야. 그만큼 폴이 마주쳐야 할 현실의 고통은 때로는 극복할 수 없는 것처럼 보이기도 해. 스스로 짊어진 무거운 짐을 내려놓고 도망가고 싶을 때도 있었겠지. 하지만 폴은 흔들리지 않았고 앞으로 나아갔고, 언제나 기적 같은 희망을 일궈 왔단다. 이제 폴의 마지막 당부를 끝으로 이 책을 마무리할까 해.

"이것은 분명 힘든 일일 겁니다. 하지만 여러분, 제가 장담합니다. 겸손함을 가지고 끈기 있게 전진한다면 결국 승리할 것입니다."

5

Paul Farmer

폴 파머와 같은
의사를 꿈꾼다면

의사가 되려면
어떻게 해야 하나요?

　이제부터는 의사가 되려면 어떻게 해야 하는지 이야기해 줄게. 너희도 잘 알고 있겠지만 우선은 의과대학에 입학해야 해. 벌써부터 머리가 지끈지끈거린다고? 그 마음 나도 잘 안단다. 사실 대학에 가지 않아도, 혹은 전공에 상관없이 선택할 수 있는 직업은 무수히 많아. 그렇지만 의사란 직업은 인간의 몸을 배우고 질병으로부터 인간의 몸을 지켜 내야 하니 반드시 의과대학에 입학해서 전문적인 지식을 배워야 해.

　현재 우리나라 의과대학은 6년제 학부 체제와 4년제 의학전문대학원 체제로 나뉘어 있어. 6년제 학부 체제는 대학 입시를 거쳐 의과대학에 입학해 예과 2년, 본과(의학과) 4년을 마치는 과정

수업 중인
의과대학생들의 모습이야.

이야. 의학전문대학원 체제는 2005년에 도입되었는데, 4년제 학사 학위 소지자가 전공에 상관없이 의학교육입문검사MEET에 응시하여 대학원 4년을 이수하는 과정이야. 치의학전문대학원은 치의학교육입문검사DEET에 응시하는데, 올해부터는 이 두 시험이 M.DEET로 통합되어, 한 번의 시험으로 의학전문대학원과 치의학전문대학원에 동시에 원서를 넣을 수 있게 되었어. 현재 우리나라엔 40개 의과대학과 의학전문대학원이 있는데, 점차적으로 의학전문대학원의 정원을 다시 의과대학으로 전환할 예정이라고 해.

의과대학 공부는 진짜 힘들고 어려워. 그동안 해 왔던 공부와는 비교할 수 없을 정도란다. 예과 과정에서는 교양 과목 위주로 배우지만, 본과 4년 과정(의학전문대학원은 입학하자마자)이 시작되면 공부해야 하는 양도 엄청나게 많아져. 방학도 짧고 성적이 좋지 않으면 한 해를 다시 다녀야 하는 일도 생기지. 본과에서는 해부학, 생리학, 조직학, 생화학, 병리학, 미생물학, 예방의학, 기생충학, 면역학, 혈액학, 내분비학, 종양학, 순환기학, 호흡기학, 소화기학, 신경계학, 신장요로학, 의학유전학 등 셀 수도 없을 만큼 많은 과목을 배운단다.

그래서 시험 기간이 보통 한 달 정도야. 나도 본과 시절엔 친구들과 도서관에서 하루 종일 붙어서 생활할 정도였어. 정말이지 다시 돌아가고 싶지 않을 만큼 아찔한 기억이야. 폴 파머처럼 뛰어난 기억력을 갖고 있다 해도 24시간 엉덩이가 의자에 붙어 있지 않으면 소화할 수 없을 정도로 많은 양의 공부를 해야 하지.

1학년 때는 시체 해부 수업도 있고, 3학년이나 4학년 때는 실제로 병원에서 1년 정도 실습을 해. 이 모든 과정을 무사히 마치고 의사국가고시라는 큰 장벽을 넘어야 비로소 의사면허증을 얻을 수 있어. 그렇게 내과, 외과, 소아청소년과, 정신건강의학과, 산부인과, 정형외과, 신경과, 피부과, 이비인후과, 안과, 신경외과, 비뇨기과, 영상의학과, 마취통증의학과, 예방의학과, 의료법 등 의학의 거의 모든 분야를 공부하고 나면 일반의가 되는 거야.

일반의가 되면 실제 환자를 진료하고 치료할 수 있고 병원도 개원할 수 있어. 하지만 대학을 졸업한 직후라 경험이 부족할 뿐만 아니라 특수한 전공 분야의 수련을 받지 않았으니까 부족한 것이 많아. 그래서 대부분 의과대학생은 졸업 이후 종합병원에서 수련의 1년인턴 과정, 전공의 4년레지던트 과정. 가정의학과, 예방의학과, 결핵과의 경우에는 3년을 추가로 거친 후 전문의 자격시험을 보고 특정 분야의 전문의가 되는 거란다.

수련의와 전공의를 시작할 때는 또 다시 경쟁을 해야만 해. 수련의의 경우엔 일하고 싶은 병원에 지원을 한 후 면접과 의사국가고시 성적 등을 바탕으로 경쟁해야 하고, 전공의를 지원할 때도 인턴 근무 성적과 면접 및 필기시험 성적 등을 꼼꼼하게 비교하지. 이렇게 매순간이 시험의 연속이야. 한 번에 통과하면 좋겠지만 두세 번 시험을 보는 사람도 있게 마련이지.

이렇게 의과대학 6년, 수련의 1년, 전공의 4년을 거쳐 총 11년의 시간이 지난 다음에야 우리가 일반적으로 이야기하는 내과의사, 외과의사, 소아청소년과의사 등의 전문의가 되는 거란다. 폴 파머는 이러한 과정을 거쳐서 내과의사가 되었어. 특히 폴 파머처럼 내과의사 중에서도 특정 분야, 즉 감염내과 의사가 되고 싶다면 전문의 자격시험을 통과한 후 종합병원에서 전임의 과정을 추가로 1~3년 정도 거쳐야만 해.

전문의가 되고 나서도 해야 할 공부는 끝이 없지. 폴은 지금도 자신만의 암기카드를 만들어 새로운 질병과 치료법을 습득해. 의대를 다니던 시절과 비교할 순 없지만 여전히 공부를 한다고 고백했지.

전공 분야와
진로가 궁금해요

　의과대학을 졸업한 이후에는 기초의학과 임상의학, 크게 두 가지 전공 분야로 진출할 수 있어. 기초의학은 말 그대로 의학의 기틀이 되는 학문이야. 대표적으로 해부학, 생리학, 생화학, 약리학, 기생충학, 미생물학, 병리학 등이 있지. 기초의학 분야로 진출한 사람들은 환자를 직접 진료하고 치료하지는 않는단다. 그렇지만 사람의 몸을 이해하고 새로운 치료법과 약물을 개발해 내는 데 있어서 가장 근간이 되는 일을 하지.

　만날 실험실에 갇혀 따분한 실험만 반복하는 거 아니냐고? 꼭 그렇지만은 않아. 다음과 같은 의문을 가진 학생이라면 도전해 볼 만한 가치가 있지. '암을 정복할 유전자의 비밀을 밝혀 보고 싶어.', '슈퍼박테리아를 치료할 항생제를 만들어 볼까?', '암을 조기

화가 렘브란트가 그린
⟨니콜라스 튈프 박사의 해부학 강의⟩란
작품이야.

에 발견할 수 있는 검사법이 분명히 있을 텐데.', '독감 바이러스를 없앨 완벽한 백신을 만들 거야.', '인류보다 오래된 기생충과 미생물을 연구하면 새로운 치료법을 발견할 수 있을지도 몰라.' 이중 너희 가슴을 요동치게 만드는 질문이 있니? 그렇다면 기초의학 분야로 진로를 고민해 보렴.

최근에는 기초의학 분야에 새로운 학문이 소개되고 있어. 의학교육학, 의료윤리학, 의사학, 의철학, 의료사회학, 의료인류학, 혹은 인문의학, 인문사회의학 등이 여기에 속해. 의사와 환자의 관계는 사람과 사람의 관계 속에서 죽음의 문제와 싸우는 일이기 때문에 과학이 해결하지 못하는 부분이 너무나도 많거든.

예를 들면 이런 질문들이야. '어떠한 의사가 필요하고 그러한 의사를 양성하기 위해 필요한 소양은 무엇인가?', '생명과 죽음의 문제 앞에서 의사는 어디까지 결정할 수 있을까?', '질병과 치료의 역사를 통해 우리가 배울 수 있는 것은 무엇일까?', '환자의 고통을 어떻게 이해해야 할까?', '정상과 비정상의 구분은 어떻게 짓는 것일까?', '나라마다 의료 체계가 다른 이유는 무엇이고 어떠한 장단점이 있을까?', '한국의 자살률이 높은 이유는 무엇 때문인가?' 위 질문들은 하나같이 중요하고 쉽게 답을 내리기가 어렵지. 의학 기술이 날로 발전하면서 이러한 문제가 수면 위로 떠올랐기 때문에 의과대학은 점차 이러한 분야에 대한 교육을 넓혀 나가고 있단다.

그다음 병원에서 실제로 환자를 대상으로 치료가 행해지는 임상의학에 대해 이야기해 줄게. 여기에는 내과, 외과, 소아청소년과, 산부인과, 정신건강의학과, 정형외과, 흉부외과, 신경외과, 성형외과, 안과, 피부과, 이비인후과, 비뇨기과, 신경과, 영상의학과, 방사선종양학과, 마취통증의학과, 진단검사의학과, 병리과, 재활의학과, 성형외과, 응급의학과, 핵의학과, 가정의학과, 예방의학과, 산업의학과, 결핵과 등이 있어. 그리고 각 과마다 매우 다양한 세부 분야가 있지. 내과를 예로 들면, 소화기내과, 순환기내과, 호흡기내과, 내분비내과, 신장내과, 혈액종양내과, 감염내과, 알레르기내과, 류마티스내과로 나뉜단다.

각각의 과는 나름대로의 매력이 있어. 학생 때 수업을 듣고 실습을 돌 때 자신의 적성과 맞는 과를 정하기도 해. 하지만 실제 수련의 생활을 하다 보면 생각이 달라지기도 한단다. 환자의 치료에

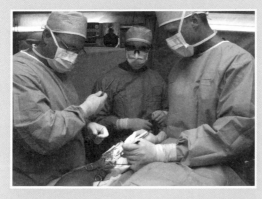
외과의사들의
수술 장면이야.

의료진의 일원으로 직접 참여하면서 자신의 적성에 대해서 다시 한 번 고민해 보기도 하고, 또 한계 같은 것도 느끼거든. 그러한 시간을 거쳐 많은 수련의들이 자신의 전공 분야를 최종 결정해. 나는 여러 분야에 관심이 많았는데, 최종적으로는 여러 질환을 다룰 수 있고 이후에 다양한 분야에 접목이 가능할 것이라는 판단 아래 가정의학과를 선택했어. 의료인류학을 공부하는 지금의 입장에서 보면 매우 잘한 선택이었지만, 당시만 하더라도 정말로 고민이 많았단다.

너희가 만일 의과대학에 입학한다면, 학생 시절에 많은 선배 의사와 이야기해 보고 자신에게 적합한 과를 찾아서 오랜 시간 진지하게 고민해야 해. 시기에 따라서 유행하는 전공 분야가 있기 마련이지만, 그런 흐름에 휩쓸리지 말고 적성에 맞고 자신이 잘할 수 있는 분야를 선택하는 게 무척 중요하단다.

폴 파머와 같은 의사를 꿈꾼다면

의학 분야는 이처럼 크게 두 가지로 구분되지만 의사로서의 삶이 꼭 두 가지로 구분되는 것만은 아니야. 대부분의 의사가 대학병원, 종합병원, 개인병원에서 임상의로 진료를 하거나 의과대학 및 대학원에서 기초 분야의 전문가로 종사하지만, 그 외에도 다양한 길이 있단다.

우선, 보건복지부와 질병관리본부에 진출하여 보건행정전문가 혹은 급성 및 만성질병관리전문가가 되는 길이 있어. 보건복지부만 하더라도 2015년 초까지 총 17명의 의사가 공무원으로 일하고 있어. 이들은 정책 수립과 행정 업무를 주로 수행하지.

공공기관에서 진료 활동을 하는 의사도 있어. 예를 들면, 전국에 걸쳐 있는 보건소의 보건소장이 될 수도 있고, 국립중앙의료원 및 국립정신병원 등에서 의사 공무원으로 일하거나 국군병원에서 군인을 진료하는 의사로 근무할 수도 있지. 물론 국내의 공공기관에 머물지 않고 세계보건기구처럼 국제적인 기관에서 보건전문가로 활동하는 길도 있단다.

한편, 아예 전공을 바꾸는 경우도 있어. 대표적인 예가 변호사, 검사, 판사 등 법조인이 되는 거야. 2011년까지 30명의 의사 출신 법조인이 있고, 현재 로스쿨에도 많은 의사가 법조인이 되려고 공부하고 있다고 해. 이들은 의료 소송과 관련해서 환자들의 아픔을 대변해 주는 역할을 한단다. 또 제약 회사에서 일하는 의사도 있어. 다국적 제약 회사에 취직하여 신약 개발과 제품 안정성 검토 및 영업 분야에서 활동하지.

요즘 드라마에 자주 등장하는 법의학자도 있단다. 2014년까지 43명의 법의학자가 활동했는데, 수련의 1년을 거치고 병리학 전공의 수련 후 법의학자가 되는 거란다. 주로 국방과학연구소나 국립과학수사연구원에 근무하면서 부검과 유전자 검사 등의 일을 하지. 그 외에도 영화감독, 재난구호전문가, 의료경영컨설턴트 등 다양한 분야로 진출하는 의사도 있어.

우리나라에서는 의과대학을 졸업한 후 다른 직업군에서 일하는 경우가 5퍼센트 수준에 그치지만, 미국의 경우엔 30~40퍼센트에 달할 정도야. 물론 너희가 미래의 의사가 되어서 다양한 분야에 진출한다면 상황은 많이 달라지겠지?

폴 파머와 같은 의사를 꿈꾼다면

국제보건 활동을
하고 싶어요

너희 중에는 폴 파머처럼 열악한 상황에서 질병으로 고통 받는
사람들을 위해 일하고 싶은 친구도 있을 거야. 의사로서 국제보건
활동을 할 수 있는 대표적인 단체 두 곳을 소개할게.

코이카 한국국제협력단, KOICA : Korea International Cooperation Agency

KOICA<<<<
한국국제협력단

코이카는 우리나라 정부에서 운영하
는 단체야. 1991년 설립된 이래로 여
러 개발도상국의 경제적 지원과 사회
개발을 돕고 있어. 당연히 의료와 보건 분야도 포함되어 있지. 아
시아 14개 국가, 아프리카 16개 국가, 중남미 8개 국가, 중동 및

독립국가연합 6개 국가에 해외 사무소가 개설되어 있단다. 의사의 경우 올해 1월부터 '글로벌협력의사' 제도를 통해 17개국, 라오스, 가나, 네팔, 에티오피아, 카메룬, 캄보디아, 탄자니아, 코트디부아르, 볼리비아, 카자흐스탄, 우간다, 우즈베키스탄, 방글라데시, 케냐, 파라과이, 몽골, 베트남 중 한곳을 선택해 2년 단위로 계약을 해서 해당 국가 의료 기관에 파견된다고 해. 《한국의 슈바이처들 : 가난한 지구촌 사람들을 사랑한》한국국제협력단 지음, 휴먼드림, 《우간다에서 23년 : 코이카 최초 파견 의사의 해외 봉사 일지》유덕종 지음, 홍성사 등의 책을 읽어 보면 코이카를 통해 활동한 의사들의 이야기를 직접 들어 볼 수 있단다. 덧붙여 코이카에 웹사이트에 koica.go.kr 들어가 보면 더 많은 정보를 얻을 수 있어.

국경없는의사회 MSF, Médecins Sans Frontières

뉴스를 통해서 국경없는의사회를 많이 접해 봤을 거야. 1971년 프랑스의 청년 의사들 중심으로 설립된 정치, 종교, 인종, 이념을 초월한 국제 민간의료구호단체로 헌신적인 활동을 인정받아 1999년에는 노벨평화상을 수상하기도 했지. 이들은 긴급 재난 지역에 48시간 이내에 의료진을 파견하는데, 현재 세계 70여 개 나라에서 3만 명의 구호 활동가들이 일하고 있지. 무력 분쟁, 전염병 창궐, 자연 재해 등으로 고통 받는 지역에서 주로 활동해. 폴

에티오피아에서 영양실조에 걸린
아이를 살펴보는 국경없는의사회 활동가야.

파머가 2010년 아이티 대지진 당시 의료 활동을 펼칠 때 국경없는의사회 역시 많은 구호 활동가를 파견했지. 우리나라에도 국경없는의사회msf.or.kr 지부가 있단다. 그들의 생생한 경험이 궁금하다면《국경없는의사회》데이비드 몰리 지음, 조준일 옮김, 파라북스, 《국경없는의사회: 인도주의의 꽃》엘리어드 레이턴 지음, 박은영 옮김, 우물이있는집, 《인류의 절망을 치료하는 사람들 : 국경없는의사회 사람들의 생생한 현장이야기》댄 보르톨로티 지음, 고은영·정경옥 옮김, 씨앗을뿌리는사람 등의 책을 읽어 보렴.

우리나라의 대표적인
의사는 누구인가요?

  난 두 명의 의사를 너희에게 소개해 주고 싶단다. 바로 이종욱 전 세계보건기구 사무총장님과 장기려 박사님이야. 가난한 환자를 위해 평생을 헌신했던 두 분의 삶을 들여다보면 의사란 어떠한 직업인가에 대해 다시 한 번 생각하게 되지.

이종욱 전 세계보건기구 사무총장(1945년 4월~2006년 5월)

  이종욱 전 세계보건기구 사무총장님은 2003년 한국인 최초로 세계보건기구라는 국제기구의 수장으로 5년 임기 당선되었어. 사무총장님은 서울대학교 의과대학을 졸업하고 하와이대학교에서 전염병학으로 석사 학위를 받은 뒤 1981년 6월부터 남태평양에 위치한 사모아 섬에서 진료 활동을 시작해. 이후 1983년부터 한센

폴 파머와 같은 의사를 꿈꾼다면

이종욱 전 사무총장님의 모습이야.

병 상담 고문으로 세계보건기구와 인연을 맺었지. 23년이란 시간
동안 세계보건기구에서 활동하면서 결핵 치료와 예방 접종 분야
에서 크나큰 업적을 남겼어.

1990년부터 1994년까지 서태평양 소아마비 예방의 책임자로
일했는데, 백신 프로그램을 성공적으로 운영해 6,000명에 달하는
소아마비 환자를 약 10분의 1까지 줄였다고 해. 1994년에는 세계
보건기구의 예방백신사업국장 및 세계아동백신운동 사무국장이
되었어. 이러한 활동으로 '백신의 황제'라는 별명까지 생겼지.

사무총장 당선 후에는 국제의약품기구를 창설해서 대형 제약
회사로부터 결핵약을 지원받아 전 세계 많은 결핵 환자가 무상으

로 치료약을 제공받을 수 있게 했지. 또한 에이즈 환자 300만 명에게 항에이즈 바이러스를 공급하는 '3by5' 프로그램을 만들어 혁혁한 공을 세웠어. 특유의 친화력과 업무 추진력, 그리고 국제 보건에 대한 크나큰 열정으로 유력한 차기 유엔사무총장으로도 손꼽혔다고 해. 폴 파머는 이종욱 사무총장님을 자신의 벗이자 멘토라고 했지.

하지만 사무총장님은 2006년 5월 21일 업무 도중 갑자기 쓰러졌고, 다음 날 뇌졸중으로 돌아가시고 말았어. 이때가 예순 둘이었으니, 사무총장님의 죽음은 세계보건계의 큰 손실이었지. '올바른 일을 올바른 장소에서 올바른 방법으로 행해야 한다'는 사무총장님의 신념은 지금도 의료계에서 일하는 많은 이들에게 큰 영향을 미치고 있어.

장기려 박사(1911년 8월~1995년 12월)

장기려 박사님은 한국의 슈바이처로 불리곤 해. 평생을 가난한 사람을 위해 헌신하셨는데, 이와 관련한 이야기가 무척 많지.

언젠가 한 가난한 농부가 병원비가 밀려서 퇴원을 못하고 있었어. 농부는 당시 병원장이었던 장기려 박사님을 찾아가 눈물을 흘리며 사정했지. 부지런히 일해서 부족한 돈을 꼭 갚겠노라고. 그 이야기를 듣고 박사님은 이렇게 말씀하셨대.

《장기려, 그 사람》은 장기려 박사님의
생애와 사상을 담은 평전이야.

"내가 밤에 병원 뒷문을 열어 둘 테니 몰래 도망가시오. 집에서
푹 쉬면서 이 약을 계속 복용하면 완치가 될 거요. 그리고 이거 얼
마 안 되지만 차비라도 하시고……."

어느 날은 한 걸인에게 적선을 한다는 것이 너무 큰 액수의 수
표를 주었대. 경찰은 걸인이 수표를 훔친 것으로 오해했고, 결국
박사님이 경찰서까지 불려가 해명을 하고 나서야 풀려났대.

이렇게 따뜻한 성품에다가 의술도 매우 뛰어난 분이셨지. 1959
년 10월 20일, 국내 최초로 간암 수술을 성공시켰거든. 박사님은
평안북도에서 태어났어. 이후 1928년 경성의학전문학교를 졸업
하고, 외과의사로 수련을 받았지. 1940년에는 나고야제국대학교

에서 의학박사 학위를 받고, 1947년에는 평양의과대학, 김일성종합대학의 외과 교수를 지냈을 정도로 실력을 인정받았어. 그러던 중 1950년에 한국전쟁이 발발해 둘째 아들만 데리고 부산으로 피난을 왔지. 박사님은 당시 전쟁의 참상을 보면서 이런 다짐을 했다고 해.

"의사 얼굴 한 번 못 보고 죽어 가는 많은 가난한 환자를 위해 내 평생을 바치겠다."

그러고는 1951년 6월 부산 영도구 남항동의 제3교회 창고에서 무료 진료를 시작해서 지금의 고신의료원의 전신인 복음병원을 세워 피난민과 가난한 이들을 진료했어. 1968년에는 치료비가 없어 병원에 오기 힘든 사람들을 위해 최초의 민간의료보험조합인 '청십자의료보험조합'을 창립했어. 이것이 훗날 우리나라 국가의료보험의 바탕이 되었지. 1976년에는 청십자의료원을 설립해서 계속해서 진료를 이어 가셨다고 해. 박사님이 이러한 삶을 살았던 데에는 기독교 신자로서의 깊은 신앙심이 바탕이 되었어.

박사님의 활동은 생전에 1976년 국민훈장동백장, 1979년 막사이사이상(사회봉사부문), 1995년 인도주의 실천의사상은 물론 돌아가신 후에도 1996년 국민훈장무궁화장, 2006년 과학기술인 명예의 전당 헌액 등을 통해서 높게 평가받았어.

훗날 백병원명예원장으로 계셨지만 마땅한 집 한 채 없이 조그

마한 사택에서 생애 마지막까지 어렵고 소외된 환자를 위해 일하셨지. 그러고는 1995년 12월 25일 성탄절에 지병인 당뇨병으로 여든다섯의 나이에 돌아가셨단다.

의사를 꿈꾸는 청소년에게
추천하는 책과 영화

마지막으로 의사를 꿈꾸는 너희에게 도움이 될 만한 책과 영화를 소개할게. 하나씩 천천히 읽고 감상하다 보면 의사란 직업이 좀 더 구체적으로 다가올 거야.

작은 변화를 위한 아름다운 선택

트레이시 키더 지음 | 박재영·김하연 옮김 | 황금부엉이

미국의 유명한 논픽션 작가인 트레이시 키더가 총 3년여 간 폴 파머와 교류하며 그의 삶에 대해 기록한 평전이야. 이 책은 폴의 격정적인 삶에 대해 자세히 보여 주고 있지. 뭐든 척척 해낼 것 같은 영웅이 아닌 때로는 무모한

폴 파머와 같은 의사를 꿈꾼다면

선택을 하고 친구들과 갈등을 겪기도 하는 청년 폴의 모습이 날것 그대로 담겨 있어. 지금은 절판되어서 구하기가 쉽진 않겠지만, 그에 대해 상세히 알고 싶다면 꼭 구해서 읽어 보길 바랄게. 나는 이 책을 통해 폴 파머를 처음 접했고, 지금 이렇게 의료인류학을 배우고 있어.

세상은, 이렇게 바꾸는 겁니다 :
젊은이들에게 전하는 폴 파머의 메시지

폴 파머 지음 ㅣ조너선 바이겔 엮음 ㅣ박종근 옮김 ㅣ 골든타임

폴 파머가 여러 대학교의 졸업식 연사로 초청받아서 이야기한 내용을 정리해서 묶은 거야. 미국의 많은 의대생들이 폴 파머 때문에 자신의 길을 찾았다고 말할 정도라고 하니 그의 연설에 어떤 마법이라도 숨겨져 있는 게 아닐까. 그의 생생한 목소리를 직접 듣고 싶다면 이 책을 강력히 추천할게. 강연 내용이 주제별로 잘 분류되어 있고 엮은이가 짧게나마 해설을 달아 이해를 돕고 있어. 그가 얼마나 해박한 지식을 가지고 있고, 열정적이며 또 유머러스한지를 제대로 느낄 수 있단다.

큰 의사 노먼 베순

이원준 지음 | 자음과모음

　　노먼 베순1890~1939을 아는 청소년은 아마 많지 않을 거야. 그는 캐나다 출신의 외과의사인데, 중국에서는 '근대 중국의 4대 성인' 또는 '중국 인민의 영원한 친구'로 기억되고 있지. 캐나다에서 가장 뛰어난 흉부외과의사 중 한 명인 그가 왜 중국에서 이러한 칭호를얻었을까? 노먼 베순은 국적과 이념에 상관없이 가난한 노동자와 빈곤층의 치료에 앞장섰어. 파시즘과 싸우는 스페인 병사에게 손을 내밀었고, 일본과 전쟁이 한창이던 중국의 부상병을 돕기 위해 달려갔지. 그렇게 헌신적으로 환자를 수술하다 실수로 손가락을 베었는데, 이것이 패혈증으로 악화되어 마흔아홉의 이른 나이로 안타깝게 죽음을 맞이했어. 무엇이 그를 이러한 길로 이끌었고, 그는 어떻게 그 짐을 지고 앞으로 나아갔는지 궁금하지 않니?

성채1, 2

A. J. 크로닌 지음 | 이은정 옮김 | 민음사

　　《성채The Citadel》는 의사이자 소설가인 아치볼드 조지프 크로닌의 자전적 소설이야. 내가 의과대학에 입학했을 때 선배로부터 가장

먼저 추천받아서 읽었던 책이야. 이 책은 저자가 의사 생활을 하면서 실제 경험했던 문제점을 소설로 옮긴 거야. 주인공 앤드루 맨슨은 영국의 한 탄광촌에서 부패하고 무능하기까지 한 의사들의 권위에 눌리지 않고 열정을 다해 환자를 치료하기 위해 노력하지. 1937년에 출간된 오래된 소설이지만 출간 직후부터 꾸준히 사랑받고 있단다. 다양한 인물에 대한 생생한 묘사라든지 힘든 인생 경로를 겪으며 성장하는 의사의 모습이 흥미로워. 영국 의료계의 부패한 모습을 적나라하게 드러냈고, 실제 영국의 의료 제도 개혁에도 영향을 주었다고 평가받지. 이 책의 시대와 배경이 현재 우리와 다르긴 하지만 미래 의학도들에게 큰 영감을 줄 수 있거라고 생각해.

로젠조 오일

Lorenzo's Oil, 1992

감독 | 조지 밀러
출연 | 닉 놀테, 수잔 서랜든

너희 〈로렌조 오일〉이란 영화를 알고 있니? 발표된 지 24년이 지났으니 아마 잘 모를 거야. 그래서 더욱 이 자리를 빌려 알려 주고 싶었단다.

이 영화의 주인공은 의사가 아니라 어린 환자와 그의 부모란다. 다섯 살짜리 귀여운 아들 로렌조가 어느 날 학교에서 괴팍스런 행동을 하기 시작하고 넘어지는 일이 잦아졌어. 정밀 검사를 받은 결과 희귀 유전병인 부신백질이영양증으로 판명이 났어. 이 병에 걸리면 긴사슬 지방산이 분해되지 않고 뇌에 들어가서 신경세포를 파괴하는데, 당시엔 치료법이 없어 2년 안에 사망하는 것으로 알려져 있었지.

로렌조 부모는 절망에 빠졌어. 귀여운 아이가 엄마의 유전자를 잘못 받아서 죽음을 앞두고 있으니, 그 심정이 얼마나 고통스러웠을까. 그런데다가 의사들은 '환자 수가 적어서', '연구비가 없어서'라는 이유를 들어 이 병의 치료에 큰 관심을 보이지 않았어. 간혹 관심이 있는 의사가 나타나도 생명의 소중함보다는 자신의 연구 성과와 이를 위한 기금 마련에만 신경 쓸 뿐이었지. 결국 로렌조의 부모는 스스로 치료법을 연구하기로 마음먹었어. 그렇게 치료제로 쓰일 수 있는 오일을 발견했고, 여기에 아들의 이름을 붙여 '로렌조 오일'이라 부르지.

이 영화를 통해서 청천벽력 같은 불치병을 선고받았을 때 환자와 그 가족이 느낄 고통을 공감해 보았으면 해. 미래에 너희는 의사가 될 수도 있고, 또 동시에 환자나 환자의 가족이 될 수도 있으니 말이야. 의사는 물론 환자의 삶에 대해 많은 것을 생각해 볼 수 있는 영화란다.

패치 아담스

Patch Adams, 1998

감독 ㅣ 톰 새디악
출연 ㅣ 로빈 윌리엄스, 모니카 포터

 고인이 된 미국의 영화배우 로빈 윌리엄스의 대표작 중 하나로 헌터 아담스라는 의사의 실화를 바탕으로 하고 있어. 불행한 가정환경에서 자란 주인공은 자살 미수로 정신병원에 감금되고, 그곳에서 아더 멘델슨이라는 환자를 만나 깨달음을 얻지. 그건 다름 아닌 '눈에 보이는 문제에만 초점을 맞추지 말고 그 너머 다른 이의 두려움, 순응, 게으름 때문에 보지 않으려 하는 것을 봐야 한다.'라는 것이지. 그때 상처를 치유한다는 의미의 '패치Patch'라는 애칭을 얻어.

이후 의과대학에 입학해 환자의 질병만 바라보는 수직적인 의학 틀을 깨고 기발한 아이디어로 환자를 웃게 만들고 마음까지 따뜻하게 치유하지. 특히 가난하고 소외된 사람들에게 무료 진료를 봐 주었어. 의사를 꿈꾸는 이들에게 환자를 대하는 의사의 기본적

인 마음자세에 대해 많을 것을 생각하게 해 준단다. 바쁜 병원 업무에 쫓기다 보면 의사들은 어느새 환자의 얼굴과 이름보다는 병명으로 그들을 부르고 기억하고는 해. 그렇게 되면 질병은 치료하지만 정작 질병으로 고통 받는 환자를 돌보지 못하는 경우가 생기지. 이 영화는 그럴 때 훌륭한 지침서가 되어 준단다.

식코

SICKO, 2007

감독·출연 | 마이클 무어

'SICKO'는 '환자'를 뜻하는 속어로 미국의 의료제도를 다룬 다큐멘터리 영화야. 영화는 돈이 없고, 의료보험에 가입하지 못한 환자가 어떻게 병을 치료하지 못하고 고통 받는지를 생생히 보여 줘. 환자를 치료한다는 것이 단순히 의사의 실력과 노력에 의해서만 아니라 국가 제도에도 영향을 받을수 있다는 사실을 잘 알려 주지. 특히 미국의 의료제도를 캐나다, 영국, 프랑스, 그리고 쿠바와 비교함으로써 의료제도가 환자의 삶에 얼마나 지대한 영향을 미칠 수 있는지 보여 주지. 폴 파머가 환자의 생명을 돈보다 훨씬 소중한 것으로 보았던 것처럼 이 영화는 돈에 의해 환자의 치료가 좌지우지되는 미국의 현실을 비판해. 환

폴 파머와 같은 의사를 꿈꾼다면

자를 치료하고 돌보는 일이 의학 지식을 넘어서 좀 더 넓은 시각
으로 바라보는 데 큰 도움이 될 거야. 한국의 사정을 다룬 비슷한
다큐멘터리 영화 〈하얀 정글〉송윤희 감독, 2011년도 있으니 참고하길 바
랄게.

참고 도서

* 《작은 변화를 위한 아름다운 선택》 트레이시 키더 지음, 황금부엉이, 2005

† 《권력의 병리학》 폴 파머 지음, 후마니타스, 2009

‡ 《감염과 불평등》 폴 파머 지음, 신아출판사, 2010

《세상은, 이렇게 바꾸는 겁니다: 젊은이들에게 전하는 폴 파머의 메시지》
폴 파머 지음, 조너선 바이겔 엮음, 골든타임, 2014

◆ 〈Harvard Medical Alumni Bulletion〉 Paul farmer, 1985; 59(1):23-28

《AIDS and Accusation: Haiti and the Geography of Blame》 Paul farmer,
University of California Press, 2006

◈ 《Partners to the Poor : A Paul Farmer Reader》 Paul farmer, University of
California Press, 2010

† 《Haiti after earthquake》 Paul farmer, PublicAffairs, 2012

이 책을 쓸 때 도움을 받은 저작물입니다. 제목 앞의 기호는 본문 중 위 저작물에서 직접 인용한 내용을 표시한 것입니다. 우리나라에 소개된 책은 한글 제목을 넣었습니다만, 직접 인용 및 참고는 모두 원서를 기본으로 하여 새로 작업하였습니다. 기호 표시가 없는 부분은 본문에 출처를 밝혔거나, 폴 파머에 대한 여러 기사 및 인터뷰, 동영상을 참고한 것임을 밝혀 둡니다.